Karl-Heinrich Bette

X-treme

**Karl-Heinrich Bette** ist Professor für Sportwissenschaft an der Technischen Universität Darmstadt. Seine Forschungsschwerpunkte liegen im Bereich der Sportsoziologie, der Soziologie des Körpers sowie der neueren soziologischen Systemtheorie.

Karl-Heinrich Bette

# X-treme.

## Zur Soziologie des Abenteuer- und Risikosports

[transcript] X T E X T E

Bibliografische Information Der Deutschen Bibliothek
Die Deutsche Bibliothek verzeichnet diese Publikation in der Deutschen Nationalbibliografie; detaillierte bibliografische Daten sind im Internet über http://dnb.ddb.de abrufbar.


Umschlaggestaltung & Innenlayout:
Kordula Röckenhaus, Bielefeld
Satz: digitron GmbH, Bielefeld
Druck: Majuskel Medienproduktion GmbH, Wetzlar
ISBN 3-89942-204-X

# Inhalt


Einleitung | 7

1 Risiko und Lebendigkeit | 15

2 Selbstermächtigung und Subjektaufwertung | 23

3 Gesellschaftsumwelt als Fluchtpunkt | 41

4 Individualisierung und Distinktion | 49

5 Körperlichkeit und Wahrnehmung | 73

6 Eindeutigkeit und Evidenz | 85

7 Wiederaneignung der Zwischenräume | 97

8 Rückeroberung der Gegenwart | 111

Schlußbetrachtungen | 117

Anmerkungen | 137

Literatur | 149

# Einleitung

Die Formen und Szenarien des modernen Abenteuer- und Extremsports sind bekannt: Menschen stürzen sich mit Fallschirmen von Hochhäusern, Brücken oder Staudämmen, absolvieren Wüstenmarathons, klettern an zugefrorenen Wasserfällen empor, tauchen in unterirdischen Höhlen, surfen in haushohen Wellen, setzen sich mit Drachen und Gleitschirmen gefährlichen Winden aus, umrunden die Kontinente als Extremradfahrer, durchsegeln die Ozeane oder besteigen die höchsten Berge dieser Erde. Waren Betätigungen dieser oder anderer Art anfangs noch spektakulär und in der Lage, knappe soziale Aufmerksamkeit zu erzielen, gehören sie heute zu den Kernbestandteilen eines eigenständigen Sportmodells, das sich routinemäßig auf die Hervorbringung und Inszenierung riskanter Praktiken spezialisiert hat. In reduzierter und entschärfter Form hat das Abenteuer in der Zwischenzeit auch den Breitensport und die neueren Erlebnisparks erreicht. Snowboarder und Skifahrer erproben ihre Fortbewegungskünste zu Tausenden als Freerider jenseits der Pisten und Alltagsakteure lassen sich am Wochenende als Bungeespringer in Richtung Asphalt fallen oder in extremen Achterbahnen zentrifugieren. Selbst der Protest gegen die Instrumentalisierung der Natur erfolgt, wenn Öffentlichkeit im Schnellverfahren hergestellt werden soll, bisweilen mit gezielten Abenteuer- und Risikoinszenierungen: Mitglieder von Umweltschutzorganisationen ketten sich in schwindelnder Höhe an Schornsteinen fest, entern Ölplattformen oder blockieren mit waghalsigen Manövern die Entsorgung ökologisch bedenklicher Stoffe. Auch die zeitgenössische Reise- und Tourismusindustrie greift in wachsendem Maße auf Abenteuermotive zurück, um die profanen Heils- und Glückserwartungen ihrer Kunden zu befriedigen. Und Wirtschaftsunternehmen nutzen den Erlebnisgehalt des Riskanten, wenn sie ihre Mitarbeiter in Teamgeist und Selbstüberwindung zu schulen trachten. Das Abenteuer ist, wie es scheint, erfolgreich und in vielerlei Gestalt in der Gegenwartsgesellschaft angekommen. Das außeralltägliche Handeln der Wenigen ist zum Vorbild für die Erlebnisgestaltung der Vielen geworden. Der Verstoß gegen das Übliche ist selbst üblich geworden. Meldungen von Unfällen zeugen allerdings davon, daß die Risikobearbeitung nicht nur strapaziös, sondern gelegentlich auch ruinös ausfallen kann. Nicht wenige Menschen haben die Leidenschaft für das Besondere und Riskante alljährlich mit ihrem Leben oder gravierenden gesundheitlichen Schäden zu bezahlen.

Abenteuer und Risiko sind schon seit längerem Thema der unterschiedlichsten Wissenschaftsdisziplinen. Psychologen sind fasziniert von den Versuchen individueller Akteure, Selbstkontrolle zu erproben, Fließerfahrungen zu sammeln oder Traumata der frühen Kindheit und Jugend zu verarbeiten (Aufmuth 1984). Pädagogen loten die sozialisatorische und erzieherische Wirkung außeralltäglicher Situationen aus und hoffen im Rahmen der Abenteuer- und Erlebnispädagogik auf längerfristige Wirkungen für den späteren Alltag von Jugendlichen und jungen Erwachsenen (Schleske 1977). Verhaltensbiologen interpretieren die Abenteuer- und Risikosuche trieb- und instinkttheoretisch (von Cube 1990) und Philosophen versuchen, die Abenteuerorientierung phänomenologisch auf den Begriff zu bringen (Jankélévitch 1963). Literaturtheorie und Geschichtsschreibung kritisieren die »Abenteuer-Ideologie« und arbeiten deren Ursprünge und Weiterentwicklungen heraus.[1] Auch die Soziologie hat seit der frühen Arbeit von Georg Simmel (1911) immer wieder die »künstlichen Paradiese« des Abenteuers thematisiert. Norbert Elias und Eric Dunning (1970) beschrieben die Suche nach Spannung in spannungslosen Gesellschaften. Stanley Cohen und Laurie Taylor (1977) machten sich Gedanken über die verschiedenen Strategien, aus dem Alltag auszubrechen. Pascal Bruckner und Alain Finkielkraut (1979) beschrieben das »Abenteuer um die Ecke«. Und David Le Breton (1995) leitete die Risikofreude aus dem Ritual- und Orientierungsverlust des Subjekts und dessen Verlangen nach Bewährung ab. Diese und andere Studien haben interessante Einblicke in eine Handlungsform gegeben, die bewußt darauf ausgerichtet ist, sich vom Gewöhnlichen nachhaltig zu unterscheiden.

Um ein Handeln zu erklären, das sich den meisten Menschen wohl auch heute noch in seiner Sinnhaftigkeit entzieht, tut der Soziologe als Spezialist für die Lehre »vom zweiten Blick« (Luhmann 1981a: 170) zunächst einmal gut daran, nicht auf anthropologische Konstanten, seelische Nöte oder physiologische Notwendigkeiten zurückzugreifen, um den Abenteuer- und Risikoboom der letzten Jahre zu erklären. Denn diese Theoreme werden oftmals nach dem Motto konstruiert: Der Mensch brauche von Natur aus die Abwechslung und den Reiz des Neuen oder müsse Katharsiseffekte sammeln und Endorphin- und Adrenalinausschüttungen verspüren, um sich in seinem Alltag entsprechend in Schwung zu bringen. Derartige Interpretationen ontologisieren das menschliche Risikohandeln, stellen eine lineare Beziehung zwischen Handeln, Bedürfnissen und Hormonen her und erweisen sich dadurch eher als Denkblockaden für eine anspruchsvolle Theoriearbeit. Weiterhin ist es nicht Sache der Soziologie, das Thema im Sinne einer personalisierenden Heldenverehrung abzuhandeln, wie sie gegenwärtig gegenüber zeitgenössischen Figuren des Abenteuer- und Extremsports stattfindet (vgl. Peskoller 2001; Caysa und Schmid 2002). Die Selbstdeutungen und Legitimationsrhetoriken der Risikoakteure als »Grenzgänger« oder »Selbstverschwender« sind soziologisch vielmehr mit Vorsicht zu genießen, da diese in Beantwortung der Frage, was ihr Handeln denn so antreibt, eher akzeptierte gesellschaftliche Semantiken ausdrücken und über jene Diffusionsvorgänge Zeugnis ablegen, mit denen wissenschaftliche Erkenntnisse in das Alltagsdenken eindringen und Personen mit Deutungsschemata für ihr Tun ausrüsten. Die in diesem Zusammenhang immer wieder zum Ausdruck gebrachte Selbsterkundungs-, Grenzerfahrungs- und Unvernünftigkeitsrede deutet darauf hin, daß Studien über außeralltägliche Praktiken auf Grenzen stoßen, weil die Sozialfiguren des Abenteuers und Risikos mittlerweile gelernt haben, in der Sprache von Psychologen, Soziologen, Marketingexperten oder Philosophen zu sprechen, um ihr eigenes Tun sich selbst und anderen gegenüber zu erklären und zu legitimieren. Sozialforscher stehen somit in Gefahr, auf jene wissenschaftlichen Denkkonstrukte und Theoreme zu treffen, die Sport- und Abenteuerpraktiker für eigene Zwecke finalisieren und instrumentalisieren, um die Deutungshoheit über ihr Handeln nicht aus der Hand zu geben.

Die folgende Untersuchung vollzieht aus diesem Grunde eine zweifache Grenzziehung. Sie kultiviert *erstens* eine auf Dauer gestellte generalisierte Skepsis gegenüber den Alltagsweisheiten der inzwischen reflexiv gewordenen Abenteuer- und Extremsportler. Sie geht *zweitens* auf Distanz zu den Deutungen, die bisher von anderen Wissenschaftsdisziplinen zu diesem Thema formuliert worden sind. Die moderne Abenteuer- und Risikobereitschaft wird deshalb nicht aus der Perspektive des Einzelsubjekts, seiner Triebe, Gene, Körpersäfte oder psychischen Verdrängungen heraus erklärt; vielmehr werden modelltheoretische Ableitungen auf der Grundlage gesellschaftstheoretischer Überlegungen vorgenommen. Wer das Verlangen nicht weniger Menschen verstehen möchte, freiwillig und ohne Not aus dem Alltag herauszutreten und Grenzen zu überschreiten, um das Neue zu erfahren oder eigene Tiefen und Komplexitäten auszuloten, hat – so unsere Leitidee – den sozialen Kontext zeitdiagnostisch zu durchleuchten, in dem derartige Handlungswahlen stattfinden. Menschliche Bedürfnisse und Gefühle strukturieren eben nicht nur soziale Beziehungen und Verhältnisse und stoßen ein personales Handeln an. Umgekehrt gilt auch: Soziale Konstellationen lösen Affekte und Bedürfnisse aus, die sich in spezifischen Handlungswahlen manifestieren und in bestimmten Sozialfiguren und Charakteren inkarnieren können. Wer demnach über den Abenteuer- und Extremsport sachangemessen reden und die Probleme finden möchte, für die das Risikohandeln offensichtlich die Lösung zu sein verspricht, darf über die moderne Gesellschaft und deren Wirkungen nicht schweigen. Es wäre fatal, in einer soziologischen Analyse des modernen Abenteuer- und Extremsports bei den beteiligten Personen stehenzubleiben und den Blick nicht auf jene Größen zu richten, die dafür sorgen, daß der Blick auf einzigartige Personen gerichtet wird.

Damit ist die generelle Richtung angegeben, aus der das Phänomen der zeitgenössischen Abenteuer- und Risikosuche beobachtet und beschrieben werden soll. Der gegenwärtige Abenteuer- und Extremsport ist – so die These – eine Reaktion auf die personalen Wirkungen und Ambivalenzen der sich durchsetzenden Moderne. Um diesen Zusammenhang herauszuarbeiten, werden wir den Blick von den Subjekten weg auf jene sozialen Konstellationen richten, die als Bedingungen der Möglichkeit des Abenteuer- und Extremsports wirken, um anschließend wiederum jene Akteure ins Visier zu nehmen, die außeralltägliche Erfahrungen anstreben und dafür einen hohen Preis zu zahlen bereit sind. Die moderne Gesellschaft wird demnach in ausgewählten Erscheinungsweisen dauerhaft als Hintergrundphänomen in die folgende Analyse eingespiegelt werden und mitlaufen. Die Beweggründe, sich auf Risiken und extreme Betätigungen einzulassen, sollen hieraus als Vordergrundphänomen abgeleitet und zugeordnet werden. Dabei wird keine lineare Beziehung zwischen gesellschaftlichem Kontext und individuellem Handeln unterstellt, denn nicht alle Gesellschaftsmitglieder frönen bekanntlicherweise dem sportlichen Abenteuer und Risiko. Die Soziologie hat eher eine nichtlineare Relation vorauszusetzen, weil Menschen in ihrer Nichttrivialität die sie umgebende Wirklichkeit nach eigenen Selektivitätsstandards beobachten und im übrigen nicht über gleiche Opportunitäten verfügen, um ihre Wünsche, Hoffnungen und Ängste zu bearbeiten. Die Soziologie geht demnach nicht davon aus, daß die konkreten Individuen Marionetten ihrer sozialen Umstände wären. Dies gilt höchstens für die von ihr entworfenen analytischen Fiktionen sozialer Akteure, weil die Soziologie wie jede andere Wissenschaft auch mit abstrakten Modellen arbeiten muß, um in den Myriaden individueller Motive und Eigenheiten nicht steckenzubleiben. Nur so kann sie ihre Erkenntnisse vorsichtig generalisieren. Die Soziologie kann daher nicht beanspruchen, den einzelnen Fall umfassend zu erklären und sicher vorherzusagen. Der Wert einer analytischen Fiktion muß sich allerdings daran messen lassen, inwieweit sie zum besseren Verständnis konkreter Einzelfälle beitragen kann. Dieser Hinweis soll eine antizipative Korrektur eines möglicherweise bestehenden Mißverständnisses vorwegnehmen, was eine soziologische Analyse leisten kann und möchte. Die Soziologie zielt auf Akteurfiktionen ab, nicht auf die Abklärung konkreter Einzelfälle. Eine Beantwortung der Frage, warum Reinhold Messner, Rüdiger Nehberg oder Arved Fuchs professionelle Abenteurer wurden, und andere nicht, liegt somit nicht im unmittelbaren soziologischen Erkenntnisinteresse, wenngleich eine eingehende soziologische Untersuchung der biographischen Verlaufsfiguren, Lebensmilieus und subjektiven Theorien dieser Akteure sicherlich einiges zur Deutung und Klärung ihrer Handlungswahlen beitragen könnte.

In Nachzeichnung und Ergänzung einer eher traditionellen soziologischen Argumentationsfigur versteht das erste Kapitel den Extremsport als ein Programm, das der gesellschaftlich erzeugten Routine und Langeweile gezielt eine vitalisierende Spannungsofferte entgegensetzt. Menschen entziehen sich dem alltäglichen Einerlei, suchen bewußt außeralltägliche Situationen auf und lassen sich dort auf Risiko und Wagnis ein. Vor dem Hintergrund der wachsenden Asymmetrie von Person und Organisation und den hieraus resultierenden Erfahrungen der Machtlosigkeit und Nichtigkeit deutet das zweite Kapitel den Extremsport als eine soziale Nische, die der Selbstermächtigung des modernen Subjekts dient. Individuelle Akteure gehen freiwillig Risiken ein, um den Verdrängungseffekten der Organisationsgesellschaft zu entgehen und Macht über das eigene Handeln zurückzugewinnen. Das dritte Kapitel zeigt, daß der Abenteuer- und Extremsport in seiner Programmatik vornehmlich auf die Welt der nichtkommunikativen, naturalen Gesetzmäßigkeiten ausgerichtet ist. Berge, Meere und Wüsten eignen sich paradoxerweise gerade deshalb als Fluchtpunkte der Sinnhaftigkeit, weil sie selbst nicht auf der Basis von Sinn funktionieren.

Der vierte Abschnitt betrachtet den Abenteuer- und Risikosport unter dem Aspekt von Individualisierung und Distinktion. Menschen riskieren Kopf und Kragen, um sich sozial sichtbar zu machen und den Nimbus der Einzigartigkeit zu erlangen. Das Bestreben nach Singularität und Besonderheit arbeiten die Extremen in unterschiedliche Handlungsformen ein. Es zeigt sich sowohl in ihrer ausgeprägten Leistungs-, Rekord- und Askesebereitschaft als auch in der demonstrativen Nähe ihres Handelns zu Verletzung, Krankheit und Tod. Das fünfte Kapitel geht auf den wichtigen Zusammenhang von Abenteuer und Gewißheit ein. Risiko- und Selbstgefährdungspraktiken erleben eine starke Nachfrage, um die im Verlauf des gesellschaftlichen Modernisierungsprozesses erzeugte Destabilisierung traditioneller Wirklichkeitskonzepte und den damit einhergehenden Zuwachs an Abstraktheit, Intransparenz und Komplexität durch ein Konkretheits-,

Überschaubarkeits- und Evidenzerleben zu kontern. Ohne eine Berücksichtigung der Gewißheitsverluste und Entzauberungseffekte, die Menschen infolge der Heraufkunft einer funktional differenzierten Gesellschaft hinzunehmen haben, ist die zeitgenössische Wagnisorientierung nur schwer zu verstehen. Das sechste Kapitel spricht den Abenteuer- und Risikosport als ein Handlungsfeld zur Wiederbelebung des Körpers und der Sinne an. Extremsportler verlassen eine maßgeblich durch Wort, Schrift und Bild geprägte semiotische Wirklichkeit und suchen mit ihren Körpern jene reale Realität auf, die abstrakte Zeichensysteme zwar thematisieren, aber faktisch nicht erreichen können.

In einer Gesellschaft, die den Zugriff auf den Raum und die dort vorhandenen Erhebungen, Vertiefungen und Weiten durch die Entwicklung neuer Transport- und Kommunikationstechniken nachhaltig verändert und marginalisiert hat, kommt der Risikosport siebtens als ein Aktionsfeld zur Rückeroberung des verdrängten Raumes ins Spiel. Das achte Kapitel arbeitet den Zeitbezug des Risikothemas heraus. Es zeigt, daß Extremsportler der Flüchtigkeit und Zukunftsorientierung des modernen Zeiterlebens einen memorierungsfähigen Gegenwartsgenuß abzugewinnen trachten. Wo gesellschaftliche Komplexität futurisiert, d.h. in die Zukunft geschoben wird, schrumpft das Gegenwartserleben in eklatanter Weise. Abenteuer und Risiko hingegen ermöglichen knappe Gegenwartsgenüsse, weil sie das Erleben im Moment des Handelns festzurren. Das Schlußkapitel führt die verschiedenen Argumentationsstränge zusammen, klärt das Verhältnis von Abenteuer, Risiko und Alltag und verortet die zeitgenössischen Selbstgefährdungspraktiken im Kontext von »erster« und »zweiter Moderne«. Außerdem wird es jene Widersprüche und Paradoxien ansprechen, die notwendigerweise entstehen, wenn eine auf Abenteuer und Wagnis spezialisierte Erlebnisindustrie das Außeralltäglichkeitsbegehren der Risikoakteure massenhaft kopiert, banalisiert und zu veralltäglichen sucht.

# I Risiko und Lebendigkeit

Moderne Gesellschaften erzeugen durch Bürokratisierung und Routinisierung eine durchaus positiv erlebte Sicherheit. Alles ist irgendwie vorstrukturiert und geht seinen geregelten Gang. Man steht frühmorgens auf, fährt zur Arbeit, erbringt dort die erforderlichen Berufsleistungen, kehrt nach Hause zurück, erledigt Einkäufe oder Amtsgänge und widmet sich anschließend innerhalb oder außerhalb der eigenen vier Wände seiner Freizeit und seinem sozialen Nahmilieu. Variationen sind möglich, aber führen oft nur zu anders konturierten Handlungsmustern. Lediglich Urlaube unterbrechen diese Sequenzierung, indem sie legitime Abwesenheitsrechte verfügbar machen. Aber auch Auszeiten dieser Art sind inzwischen erwartbar, gesetzlich geregelt und zur Routine in der Routine geworden.

Die den modernen Alltag prägende basale Erwartungssicherheit fußt auf einer Reihe von zivilisatorischen Errungenschaften, die es in der Vormoderne nicht gab und die auch heute noch in vielen Regionen dieser Welt nicht anzutreffen sind. Die Monopolisierung der Gewalt in den Händen des Staates und die Ausdifferenzierung eines eigenständigen Rechtssystems führten zu einer Befriedung des gesellschaftlichen Binnenraumes. Die Prosperität der Wirtschaft erlaubt zumindest in den westlichen Industrienationen eine Trennung von Arbeit und Freizeit – mit der wichtigen Konsequenz, daß Freizeit und Urlaub heute in der Regel auch bezahlt werden. Und der Wohlfahrtsstaat bemüht sich seit der zweiten Hälfte des 19. Jahrhunderts, eine Versorgungssicherheit für immer mehr Menschen herzustellen (vgl.

Kaufmann 1973). Außerdem erzeugen Institutionen der Schadensverhinderung, Risikominimierung und Risikokompensation ein über die Gegenwart hinausreichendes Systemvertrauen.

Derartige überindividuelle Mechanismen kommen typischerweise ins Spiel, wenn traditionelle Solidargemeinschaften Bedeutungsverluste hinzunehmen haben oder gänzlich verschwinden. Die Absicherung der Zukunft bleibt heute nicht mehr – wie noch in der Vormoderne – dem Familien- und Verwandtschaftssystem oder entsprechenden Standeskorporationen überlassen, sie wird vornehmlich durch den Staat und die Versicherungswirtschaft abgedeckt. Wer entsprechende Policen abschließt und hieraus resultierende Rechte erwirbt, kann in der Gegenwart darauf vertrauen, daß seine Zukunft im Falle unvorhersehbarer Unfälle weitgehend abgesichert ist.[2] Dieser spezifisch moderne Umgang mit Risiko und Zeit wurde notwendig und möglich, als im Gefolge des europäischen Modernisierungsprozesses die Zukunft aus ihrer Bindung an religiöse Deutungsvorgaben entlassen, plötzlich nicht mehr als geschlossen, sondern als prinzipiell offen, gestaltbar, aber damit auch als potentiell bedrohlich erlebt wurde. Zukunft kommt jetzt nicht mehr auf Menschen in Erfüllung eines übergeordneten apokalyptisch-eschatologischen Heilsplans zu und muß von diesen abgewartet und hingenommen werden. Sie wird vielmehr als eine von gegenwärtigen Entscheidungen abhängige Größe erfahren.[3]

Eine Gesellschaft, die durch Bürokratisierung und Organisationsbildung Alltagsroutinen erzeugt und die Ungewißheit der Zukunft durch institutionelle Arrangements in den Griff zu nehmen versucht, ruft auf der Ebene ihrer Mitglieder spezifische Erlebniskorrelate hervor. Die Kehrseite von Sicherheit, Routine, Handlungsentlastung und Systemvertrauen heißt *Langeweile* und *Leere*. Gefühle einer sinnentleerten Gegenwart, einer irritierenden Lustlosigkeit und inneren Unruhe sind Erfahrungen, die sich aus dem veränderten Verhältnis von Individuum und Gesellschaft ergeben. Menschen müssen lernen, daß sie durch die Rhythmik von Organisationen an- und abgeschaltet werden. Die selbstreflexiv gewordenen Subjekte beobachten ihre Teilhabe an der Gesellschaft und erkennen dabei die Kosten ihrer Vergesellschaftung. Sie bemerken, daß die in die Gesellschaft zur Lösung bestimmter Probleme gezogenen Strukturen relativ dauerhaft sind, entsprechende Anpassungsnotwendigkeiten erzeugen und spezifische Möglichkeitshorizonte sowohl eröffnen als auch verschließen. Sie bekommen vor allem die Kosten ihrer temporären Freisetzung von Verpflichtungen zu sehen. Menschen, die in ihrer Freizeit keinen direkten Arbeitserwartungen zu entsprechen haben, werden in einer verschärften Weise mit sich selbst konfrontiert. Und nachdem Kirche und Tradition mit ihren Ritualen und Sinngebungsofferten nicht mehr die Massen begeistern und deren Zeitverwendung diktieren können, entsteht für die modernen Subjekte das Problem, den neu entstandenen Freiraum mit Sinn zu füllen.

Die besonders seit Mitte des 19. Jahrhunderts ins Bewußtsein breiter Massen getretene Erfahrung der Monotonie und Ereignislosigkeit hat nicht nur Poeten und Literaten angeregt, über ihre Empfindungen nachzudenken und von ihren Erfahrungen zu berichten.[4] Die moderne Langeweile hat gerade dort, wo Modernität in geballter Form auftritt, nämlich in den Großstädten und Ballungsräumen, entsprechende Strategien hervorgerufen, mit denen Menschen gegen Leere, Routine und Konvention anzugehen trachten. Wenn Habitualisierungen das Bewußtsein von einer tieferen Reflexion entlasten, weil Altbekanntes prozessiert wird und Handlungserfolge auch ohne eine erhöhte psychische Begleitaufmerksamkeit erzielt werden können, sorgt die Teilhabe am Nichtalltäglichen für alternative Formen der Aufmerksamkeit und Irritierbarkeit.[5] Außeralltägliche Erlebnisse lassen sich beispielsweise durch Drogen oder andere Stimulantien, aber auch durch Bewegungs- und Tanzekstase, Selbstkasteiungspraktiken oder sexuelle Normverstöße herstellen. Maßnahmen dieser Art entlasten das Denken, weil sie in der einen oder anderen Weise den Körper als Lust- oder Ruheraum ins Spiel bringen, prärationale Erfahrungen ermöglichen oder gemeinschaftliche Wirkungen erzielen.

Inzwischen sorgt ein eigenständiger Wirtschaftszweig für Schock, Rausch, Amüsement, Regeneration und Kurzweil.[6] Glücksspiele, Tanzen und Trinken, der Besuch von Jahrmarkt, Zoo und Museum, das buch- und bildgestützte Eintauchen in die virtuelle Welt der Abenteuerromane, Krimis und Filme oder auch die modernen Reisepraktiken dienen vornehmlich dazu, die durch Modernisierung hergestellte Rhythmik des Alltags und die dort vorgenommene Konturierung der Gesellschaftsmitglieder durch Spannung und Abwechslung kreativ zu interpunktieren. Der dominanten sozialen Konstruktion von Wirklichkeit werden Projektionen gegenübergestellt, die von einer Welt berichten, in der die bekannten Zwänge und Abhängigkeiten zumindest zeitweise keine Bedeutung haben. Vor allem aber produzieren diese Parallelmilieus Erlebnisse, die Gedanken als basale Elemente des Bewußtseins daran hindern, stillzustehen oder sich selbst zu beobachten.

In diesem Ensemble alter und neuer Zerstreuungstechniken hat der Sport mit seinen aktiven und passiven Angeboten der Freizeitgestaltung eine breite soziokulturelle Nische erobern und stabilisieren können. Sportliche Konkurrenzen bieten durch die Inszenierung eines geregelten sozialen Konflikts eine Spannungsressource, auf die viele Menschen dankbar zurückgreifen. Wie das kollektive Mitfiebern auf den Zuschauerrängen oder vor dem Fernsehgerät zeigt, ist der moderne Wettkampfsport für die Freizeitbewältigung und -gestaltung breiter Massen immer wichtiger geworden. Sportliche Wettkämpfe ziehen die Beobachter ins Geschehen hinein, entlasten sie von einer Reflexion der eigenen Befindlichkeit im Moment des Geschehens und versorgen sie mit einer angenehmen Form der »Seinsvergessenheit«. Aber der Sport stellt neben den Möglichkeiten der genußvollen, passiven Teilhabe als Zuschauer, Leser oder Zuhörer auch Situationen zur Verfügung, die ein eigenes aktives Handeln, eine »vita activa«, ermöglichen. Der Sport ist also einerseits für Unterhaltung gut, d.h. er ermöglicht dem Subjekt die Teilhabe an einem vornehmlich non-verbalen Handlungs- und Kommunikationsgeschehen, ohne selbst mithandeln und mitkommunizieren zu müssen, und er eröffnet andererseits die Möglichkeit, an einem Handlungsfeld partizipieren zu können, in welchem die eigene Körperkompetenz direkt eingebracht werden kann. Der Sport hat aufgrund dieser doppelten Ausrichtung eine gesellschaftliche Ultrastabilität erreichen können.

Vor dem Hintergrund der »modernen« Zurichtung des Subjekts und der spezifischen Modellierung von Alltag und Lebenswelt in einer funktional differenzierten Gesellschaft gewinnt der Abenteuer- und Risikosport seine spezifische Bedeutung. Überpointiert läßt sich wie folgt formulieren: Eine sich selbst langweilende Gesellschaft stimuliert in Gestalt eines eigenständigen Sportmodells die Ausdifferenzierung von Situationen, Handlungstypen und Sozialfiguren, die freiwillig

Risiken und Ungewißheiten eingehen, um sich und anderen die Botschaft zu übermitteln, daß der Saturierungsgrad der zeitgenössischen Lebensweise noch nicht so weit fortgeschritten ist. Damit wird deutlich: Die Moderne produziert nicht nur einen Sicherheits- und Risikominimierungsbedarf. Sie erzeugt in Reaktion hierauf vielmehr auch einen Bedarf an Risiko-, Ungewißheits- und Angsterfahrung. Bernd Guggenberger (1988: 105) formulierte hierzu treffend: »Wenn wir, perfekt abgesichert, das Schicksal nicht mehr für unwägbare Fährnisse und Abenteuer beanspruchen dürfen, müssen wir uns das Salz in der Lebenssuppe eben selber ›synthetisch‹ besorgen – am besten in Serie, damit auch noch der künstliche Risiko-Schauer schön kalkulierbar bleibt [...]; offensichtlich gibt es nicht nur den Gefahren-Eskapismus, sondern auch den Übersicherungs-Eskapismus.«

Angst erscheint damit nicht mehr ausschließlich als eine Gefühlsregung, die es um jeden Preis zu vermeiden gilt. Sie wird vielmehr auch als eine erstrebenswerte Emotion angesehen, die dosiert zur Gestaltung der eigenen Freizeit verwendet werden kann. Angst ist in besonderer Weise geeignet, die Autopoiesis des Bewußtseins anzuregen, weil sie der Monotonie des Erlebens und dem Bild alltäglicher Normalität Projektionen radikaler Kontingenz entgegenstellt. Angst entsteht im Abenteuer- und Extremsport kontextspezifisch: als Angst vor Steinschlag, Lawinen, einem plötzlichen Wetterumschwung oder vor Stürzen beim Bergsteigen; als Angst vor Scherwinden, Luftlöchern oder einer versagenden Technik bei Paraglidern und Drachenfliegern oder als Angst vor Strudeln beim Kajakfahren.[7]

Angst ist demnach in der Moderne nicht nur Anlaß für Sorge, Empörung, Protestkommunikation oder therapeutische Intervention – um nämlich die angsterzeugenden Anlässe schnellstmöglich aus der Welt zu schaffen oder zu zügeln. Angst dient gleichzeitig auch als Startmechanismus zur Zerstreuung von Langeweile und Leere. Im Zeitalter weitgehend durchgesetzter Sicherheitserwartungen verliert Angst damit die Funktion, ein Gegenüber des Spaßerlebens zu sein. Heute heißt es vielmehr: Angst kann Spaß machen und sogar, wie der Psychologe und Psychoanalytiker Balint (1959) schon vor Jahren feststellte, als »Angstlust« goutiert werden. Diese wird heute nicht nur im Risikosport erzeugt, sondern auch in der virtuellen Realität der Medien. Nicht wenige Zeitgenossen haben – nach der Verdrängung und

Zivilisierung des Angstbesetzten – sehr viel Spaß am Horror in Büchern, Filmen oder Musikaufführungen. Der Schrecken kehrt, wie man leicht erkennen kann, nach seiner Zügelung in vielerlei Gestalt in die Gesellschaft zurück und kann dort entsprechend genossen werden.

Für einen spaßorientierten Umgang mit Angst und Unsicherheit bietet sich der Sport geradezu an, weil es in diesem Handlungsfeld nicht um die Bearbeitung gesellschaftlich brisanter Problemfelder wie Ökologie, Arbeitslosigkeit, Terrorismus oder Übermilitarisierung geht. Die Risiken, die Menschen im Sport zu bewältigen trachten, sind Luxusrisiken, denen sie sich in ihrer Freizeit stellen oder die Profis zum Amüsement einer abenteuerinteressierten Zuschauer- oder Leserklientel im Rahmen ihrer Berufsrollen stellvertretend eingehen. Extremsportler suchen demnach nicht den eigenen Untergang, wenn sie sich im Rahmen ihrer »Ausbruchsversuche« (Cohen/Taylor 1977) auf gefährliche Situationen einlassen. Sie nutzen vielmehr das Drohpotential des Scheiterns und die stimulierende Wirkung der Angst, um Gefühle der Langeweile zu vertreiben und das eigene Lebendigkeitsgefühl zu steigern. Im Thrill real erlebter außeralltäglicher Situationen und Herausforderungen versuchen die Risikosucher, über die Angst zur Lust zu kommen. Eric Escoffier, ein französischer Extrembergsteiger, beschrieb die vitalisierende Wirkung des Abenteuers mit existentialistischem Pathos wie folgt: »Besser zwei Minuten wie ein Löwe leben, als sich wie ein Tier, das immer nur schläft, durch ein langes Leben quälen.«[8]

Der moderne Risikosport ist deshalb als eine Kulturtechnik der Lebensbejahung anzusehen. In einem radikalen Akt der Verdiesseitigung stellen Menschen nicht das Unvermeidliche des Todes in beschleunigter Weise her, sie nobilitieren ihr Leben vielmehr durch Risikoerfahrung, Angstbewältigung und bisweilen auch Todesnähe. Der Versuch, personale Sicherheit und Lebendigkeit jenseits des Alltags zu stiften, geschieht mit einer bemerkenswerten Volte, nämlich durch das systematische Aufsuchen von potentiell unsicheren oder gar gefährlichen Situationen. Der Teufel wird mit dem Belzebub ausgetrieben, und die Menschen haben ihren Spaß sowohl am Eigenvollzug als auch an der Beobachtung der Angst- und Langeweilebewältigung der anderen. Nichts – so scheint es – vitalisiert mehr, als ein

Abenteuer, das man plant und zu bewältigen versucht. Das risikoorientierte Handeln erhält durch seine lebendigkeitssteigernde Wirkung eine paradoxe Qualität: Menschen begeben sich in Gefährdungssituationen hinein, die an und für sich überflüssig sind und insofern Unernst signalisieren. Aber in diesen Situationen eines sportlich-spielerischen Unernstes geht es sehr ernsthaft zu, insbesondere dann, wenn Existenz und Gesundheit konkret gefährdet sind und tiefe Gefühle erzeugt werden sollen.

# 2 Selbstermächtigung und Subjektaufwertung

Gegenüber der eher passiven Freizeitgestaltung mit Hilfe von Buch, Radio oder Fernsehen steht bei Risiko- und Extremsportlern die Idee des aktiven Selbsthandelns im Vordergrund. Abenteuersportler wollen Beute und nicht Rente. Um sich das Gefühl zu verschaffen, Subjekt und nicht Objekt zu sein, suchen sie Situationen auf, in denen sie ihre Handlungsfähigkeiten entsprechend unter Beweis stellen können. Indem sie sich selbst gefährden, steuernd in den Lauf der Dinge eingreifen und sich in der Bewältigung von Risiken eigene Kausalerfahrungen erarbeiten, gehen sie auf Distanz zum bloßen Erdulden eines Schicksals. Der demonstrative Aktivismus, den sie an den Tag legen, dient demnach nicht allein der Produktion von Lebendigkeitsgefühlen, dem Kick der Risikoerfahrung oder der Vertreibung der modernen Langeweile, sondern auch der *Selbstermächtigung des modernen Subjekts*. Wie ist dieser »Wille zur Macht« (Nietzsche) zu erklären? Die Selbstermächtigungsversuche im Risikosport verweisen auf den Bedeutungsverlust und die spezifischen Erfahrungen der Machtlosigkeit und Nichtigkeit, die Menschen in einer subtilen Weise im Gefolge des gesellschaftlichen Modernisierungsprozesses hinzunehmen haben. Die folgenden Beispiele verdeutlichen, welche Kräfte hier am Werke sind:

Nichtigkeitserfahrungen sind *erstens* eine Konsequenz des Umstandes, daß die moderne Gesellschaft weitgehend als eine Organisationsgesellschaft funktioniert. Seit dem 19. Jahrhundert haben sich immer mehr korporative Akteure zwischen Individuum und Gesellschaft geschoben und die bisherigen Person-Umfeld-Verhältnisse dramatisch verändert. Das Leben in einer funktional differenzierten Gesellschaft verläuft in der Tat nicht in einem Freiraum der Beliebigkeit, sondern erfolgt vornehmlich im Rahmen organisatorisch regulierter oder beeinflußter Milieus. Die Ausprägung gesellschaftlicher Funktionsbereiche hat – kurz gesagt – die Etablierung von Organisationen notwendig gemacht. Aber erst durch das Zurückdrängen ständischer Privilegien und religiöser Weltsichten wurde Organisationsbildung auf breiter Basis möglich. Individuen können nun in Organisationen rekrutiert werden »unter Abwerfen all des Ballastes, der durch Herkunft, Gruppenzugehörigkeit, Schichtung usw. die Prägsamkeit des Arbeitsverhaltens eingeschränkt hatte« (Luhmann 2000: 382). Organisationen folgen dabei einer primären Leitorientierung, die sich aus ihrer Einbettung in gesellschaftliche Funktionssysteme ergibt. So sind beispielsweise Universitäten Organisationsformen des Wissenschaftssystems, Kirchen gehören zum Religionssystem und Unternehmen sind zentrale Einrichtungen der Wirtschaft.

Menschen werden demzufolge in Spezialeinrichtungen geboren, gepflegt, vermessen und registriert. Sie durchlaufen Organisationen, in denen sie beschult und gebildet werden, ihre Arbeit verrichten, in denen sie rechtlich kontrolliert und sanktioniert, religiös geprägt, künstlerisch informiert oder militärisch unterwiesen werden. Selbst das Ende der Individuen unterliegt strengsten organisatorischen Regeln. Wenn Menschen sterben, ziehen hierauf spezialisierte Einrichtungen ihre Körper klinisch-sauber für eine diskrete Entsorgung aus dem Verkehr. Und als der Staat in der zweiten Hälfte des 19. Jahrhunderts die Wohlfahrtsidee zu implementieren und sich um viele Lebenssachverhalte zu kümmern begann – um die Pauperisierung breiter Massen zu reduzieren, revolutionäre Potentiale zu entschärfen und Ordnung ins soziale Leben zu bringen –, wurden die Menschen mit einer Regelungsdichte überzogen, die nicht nur Möglichkeiten und Sicherheiten schuf, sondern auch Entscheidungsfreiräume einengte und Gefühle der Abhängigkeit und Fremdsteuerung hervorrief.

So weist Coleman (1986) insgesamt auf die wachsende Asymmetrie zwischen Personen und Organisationen hin und nimmt an, daß diese den Einzelmenschen oder, wie er es nennt, die »natürliche Person«, in zunehmendem Maße verdrängt und überflüssig gemacht hätten. Dies sei unter anderem darauf zurückzuführen, daß einzelne Personen immer nur geringere Steuerungs- und Machtressourcen besäßen als die ihnen übergeordneten Organisationen. Dieser Befund läßt sich ergänzen: Personen besitzen gegenüber Organisationen oftmals keine Exit-Option, das heißt: Sie können sich dem Zugriff dieser Instanzen nicht entziehen, weil keine Alternativen zu den etablierten Organisationen existieren. Das Auto meldet man nicht irgendwo an, sondern beim Straßenverkehrsamt; die Steuererklärung gibt man pünktlich beim Finanzamt ab, und nicht beim Bäcker um die Ecke. Und Eltern können nicht einfach auf die schulische Erziehung ihrer Kinder verzichten, sondern müssen ihren Nachwuchs für eine bestimmte Zeit Spezialinstitutionen zur Verfügung stellen.[9] Menschen haben sich demnach in vielen Bereichen an die Erwartungsstrukturen gesellschaftlicher Großakteure anzupassen. Wer sich demonstrativ dem Zugriff verweigert, hat die Konsequenzen zu tragen, da selbst für auffällig gewordene Aussteiger organisatorische Behandlungsszenarien existieren.

Das Handeln organisatorisch inkludierter Menschen erfolgt insgesamt nach vorab definierten Regeln und Vorschriften, die sich zu generalisierten und unpersönlichen Verhaltenserwartungen verdichten und das Miteinander der Menschen jenseits von Sympathie und persönlicher Bekanntschaft steuern. Organisationen nehmen Individuen als symbolische Chiffren – beispielsweise als Namen oder Nummern – wahr und fädeln diese durch das Nadelöhr sukzessiv gestaffelter Entscheidungsregeln. Man denke nur an die offiziellen Kommunikationswege und Verfahrensschritte, die in den diversen Behörden existieren, um Leistungen abzurufen oder um Pflichten zu genügen. Moderne Organisationen inkludieren individuelle Akteure immer nur hochselektiv. Menschen sind nie »ganz« Teil eines Sportvereins, einer Universität oder eines Wirtschaftsunternehmens. Sie erlangen ihre Bedeutung immer nur in eng begrenzten Ausschnitten und haben nur geringe Chancen, sich jenseits ihrer erwarteten Verhaltenspflichten sozial sichtbar zu machen und für eine idealisierte Fassung ihres Selbst soziale Anerkennung zu finden. In Organisationen zählen Positionen und Rollen, und nicht subjektive Befindlichkeiten und diffuse Ganzheits- und individuelle Präsentationsbedürfnisse. Aus der Sicht korporativer Akteure sind Menschen austauschbar, und sie müssen es sein, weil komplexe Gebilde dieser Art ihre Funktionen und Leistungen für Menschen paradoxerweise nur dann erbringen können, wenn sie eine legitime Gleichgültigkeit gegenüber ihrer personalen Umwelt stabilisieren. So haben Organisationen allein schon deshalb einen großen Bedarf, Menschen nur in Mitgliedschaftsrollen zu berücksichtigen, weil diese aufgrund von Krankheit, Rente oder Berufswechsel plötzlich das Feld verlassen können und Organisationen schnell zusammenbrächen, wenn sie ihre Abhängigkeit von Menschen nicht durch entsprechende Indifferenzregeln kompensierten. Organisationen erzeugen damit in erwartbarer Weise Gefühle der Entfremdung, Nichtigkeit, Machtlosigkeit und des Ausgeliefertseins auf seiten ihrer Mitglieder.

Erzeugt werden diese Erlebniskorrelate weiterhin auch dadurch, daß moderne Organisationen die Partialinklusion von Menschen mehrheitlich im Rahmen von Publikums- und Klientenrollen abwickeln. Man ist Patient, Wähler, Schüler, Gläubiger oder Konsument, und eben nicht gleichzeitig Arzt, Politiker, Lehrer, Priester, Künstler oder Produzent. Selbst wenn Menschen das Privileg besitzen, im eigenen Beruf vielleicht noch in einer aktiv gestaltenden Rolle tätig sein zu können, erfahren sie gleichzeitig in vielen anderen Bereichen ihres Lebens oft nur eine Nachfrage in passiven Laienrollen. Man darf zwar handeln, meist aber nur nach Anweisung, ansonsten wird man in seinem Handeln betreut und überwacht oder ist in der einen oder anderen Weise Leistungsempfänger. Selbst dort, wo Menschen sich freiwillig und absichtlich zusammenschließen und Organisationen begründen, die ihre Interessen effektiv und komprimiert durchsetzen sollen, taucht das Gefühl der individuellen Machtlosigkeit spätestens dann auf, wenn die Größe der Interessenorganisation anwächst, repräsentative Mitbestimmungsmöglichkeiten vormals geltende basisdemokratische Regeln ersetzen und die Kluft zwischen Steuernden und Gesteuerten zunimmt.

Erfahrungen der Nichtigkeit und Machtlosigkeit kommen *zweitens* zustande, weil individuelles Handeln in einer arbeitsteilig organisierten Gesellschaft generell nicht in einem geschlossenen, überschaubaren und autarken Handlungskontext abläuft, sondern Teil langer und weitverzweigter Handlungsketten ist. Der einzelne wird so von dem Zwang entlastet, alles selber machen und vorarrangieren zu müssen.

Anfang und Ende der Handlungsketten entziehen sich allerdings einer präzisen Beobachtung und können im individuellen Erlebnishaushalt häufig nicht mehr zusammengebracht werden.[10] Die konkreten Handlungsvorgaben in Arbeitsorganisationen bestimmen, was der eine tut und worauf der andere wartet – ohne daß persönliche Bekanntschaft und gemeinsame Anwesenheit in einer Situation diese Verbindung zwischen den Akteuren untermauern könnten. Menschen haben insofern immer, wenn sie sich auf eine funktional differenzierte Gesellschaft einlassen, an einer beigeordneten Realität teil, deren Regeln sie nicht bestimmen und durchschauen und deren Wirkungen sie nicht durch individuelle Handlungsabsichten linear beeinflussen können. Sie werden häufig mit einer »Logik des Mißlingens« (Dörner 1989) konfrontiert, die sich hinter ihrem Rücken durch komplexe, intransparente und vernetzte Akteurkonstellationen entfaltet. Wenn das Angewiesensein auf das Wissen und die Kompetenz der anderen zunimmt, also Handlungsinterdependenzen entstehen, muß der einzelne mit der Erfahrung umzugehen lernen, daß äußere Kräfte sein Handeln maßgeblich mitgestalten, auch dann, wenn er sich in einem Freiraum der Autonomie oder Autarkie wähnt. »Es geht hier also nicht um Menschen und ihre Situationen«, so der dramaturgische Interaktionist Ervin Goffman (1986: 9) in seinen Studien über Interaktionsrituale, »sondern eher um Situationen und ihre Menschen.«

Die Erfahrung von der Begrenztheit der eigenen Wirkungsmöglichkeiten und der Nichtigkeit der eigenen Person wird dem einzelnen Subjekt *drittens* durch die Expansion der modernen Massenmedien tagtäglich vermittelt. Nachrichtensendungen informieren nicht nur über das, was in der Welt passiert, sie machen gleichzeitig auch deutlich, wie wenig man mitbeeinflussen und -steuern kann. Zuschauer, Hörer und Leser gewinnen das Bild, daß das gesellschaftlich relevante Handeln immer woanders stattfindet, sie aber selbst daran nicht beteiligt sind. Das weltweite Sehen und Kommunizieren führt beobachtende Psychen in einer subtilen Weise zu der Einschätzung, völlig unbedeutend und ohne Einfluß zu sein. Denn was können wir direkt bewegen, wenn wir das Elend in der sogenannten Dritten Welt sehen oder Terrorakte am Bildschirm in Echtzeit beobachten.

Das Gefühl der Wirkungslosigkeit und relativen Unwichtigkeit der eigenen Person resultiert nicht allein aus der Globalisierung der Informationsgewinnung und -übertragung sowie der Vergleichzeitigung des Erlebens in der »Simul-Zeit« der elektronischen Medien. Es kommt auch durch die unaufhebbare Tatsache zustande, daß die Medien – technisch bedingt – unbarmherzig zwischen Sender und Empfänger zu trennen haben, dadurch eine Interaktion unter Anwesenden ausschließen und über die Welt nicht im Verhältnis eins zu eins berichten können. Die Massenmedien prägen vielmehr eine selbstbezügliche Geschlossenheit aus, erzeugen deshalb notwendigerweise ihre eigene Realität und reagieren auf externe Ereignisse nur nach Maßgabe innerer Strukturen und Sensibilitäten (vgl. Luhmann 1996). Menschen, die zu Hause vor dem Bildschirm ihres Fernsehgerätes sitzen oder ihre Zeitung beim Frühstück lesen, wissen, daß sie an einer medialen Welt teilhaben, von der sie prinzipiell ausgeschlossen sind. Alle Formen der Zuschauer-, Hörer- oder Leserbeteiligung können hierüber nicht hinwegtäuschen.

Der folgende generelle Zusammenhang läßt sich aus den bisherigen Überlegungen ableiten: Der moderne Risiko- und Extremsport ist nicht nur vor dem Hintergrund von Langeweile, Leere und Routine zu diskutieren, er hat auch mit dem Bedeutungsverlust von Personen und den Erfahrungen von Nichtigkeit und Machtlosigkeit zu tun, die strukturell und systematisch durch die Expansion der modernen Organisations- und Mediengesellschaft erzeugt werden. Die Selbstermächtigungsversuche im Abenteuer- und Extremsport speisen sich auch aus dem Bestreben, *Macht über das eigene Handeln zurückzugewinnen.* Wo die »invisible hands« korporativer Akteure operieren, organisatorische Entscheidungsregeln individuelle Arbeitsleistungen steuern und Menschen die Erfahrung abzubuchen haben, daß sie im Rhythmus der gesellschaftlichen Teilsysteme ein- und ausgeschaltet werden und nur in eng begrenzten Ausschnitten bedeutsam sein dürfen, entsteht offensichtlich ein Bedarf, nicht nur passiv und in Ausschnitten an der Welt teilzuhaben, sondern aktiv und »ganzheitlich« mitzugestalten und zu erleben. Abenteurer und Extremsportler überwinden sich selbst, reißen sich aus den Verankerungen ihres Alltags los und widerstehen dem Sog der Routine und Trägheit. Den alltäglichen Verrichtungen und Zwängen setzen sie die befreiende Tat entgegen. Die Forderung nach Freiheit und Autarkie, die auch in anderen sozialen Bewegungen artikuliert wird, deutet auf die Dominanz genau entgegengesetzter Erfahrungen. Sie reflektiert die Verlusterlebnisse und Verdrängungen, die eine hochdifferenzierte Gesellschaft ihren Mitgliedern tagtäglich vermittelt, ohne daß »böse« Absichten einzelner Menschen hierbei im Spiel wären.

Um Gefühle der Machtlosigkeit und geringen Einflußnahme zu kontern, begeben sich Menschen in Situationen hinein, in denen sie Macht und Kontrolle eigenhändig, mit eigenen Bordmitteln, demonstrieren, erarbeiten und ausüben können: erstens gegenüber sich selbst und der eigenen Natur, das heißt: gegenüber der eigenen Psyche, dem zivilisierten Selbst und dem eigenen Körper sowie den dort installierten Empfindungsmöglichkeiten – also gegenüber Schmerz, Müdigkeit, Euphorie, Angst, Demotivation; zweitens gegenüber anderen Menschen, denen man sich im Abenteuer als mächtig zu erweisen versucht; drittens gegenüber der äußeren Natur in Gestalt der Höhen, Tiefen und Weiten des realen Raumes und den dort vorfindbaren Elementen, Materialitäten und klimatischen Widrigkeiten; viertens gegenüber technischen Errungenschaften und Artefakten sowie fünftens gegenüber den dominanten Relevanzstrukturen und Wirkungsweisen des modernen Alltags, zu denen Menschen zeitlich, sachlich, sozial und auch räumlich in der selbstreferentiellen Welt des Abenteuers auf Distanz zu gehen versuchen. Sich im Extremsport zu behaupten, den Elementen zu trotzen, diese vielmehr zu beherrschen und für eigene Zwecke zu nutzen, sich auch durch Mißerfolge nicht unterkriegen zu lassen, den eigenen Körper und die eigene Psyche über das Alltagsmaß hinaus zu belasten, neue Erfahrungen zu sammeln und für die eigenen Handlungswahlen geradezustehen, all das deutet auf das Bestreben nicht weniger Menschen hin, Akteur zu sein – und nicht Agent jener Umstände zu bleiben oder zu werden, die das Leben in der modernen Gesellschaft nachhaltig prägen.[11] Das vitalistische Selbstermächtigungsbegehren wendet sich gegen die typische Zurichtung des Subjekts in der modernen Gesellschaft, insbesondere gegen das Prinzip der Bürokratie, der vorgeschriebenen Amtswege und Verfahrensschritte, der festgelegten Hierarchien und Kompetenzen, der Begrenzungen und Gebote, die Menschen in ihren spezifischen Eigenheiten häufig zum Verschwinden bringen und ihr Handeln kanalisieren. Die Übernahme von Risiken ist der Preis, den diejenigen zu zahlen haben, die aus dem Schatten dieser Gebilde heraustreten, um sich selbst zu ermächtigen.

Die im Abenteuer- und Risikosport beobachtbaren Selbstermächtigungsbestrebungen schließen einen Technikeinsatz prinzipiell nicht aus, wie Extrem-Rallyes, Langstreckenregatten oder die Umrundungen der Erde in High-Tech-Ballons zeigen. Menschen, die in der Lage sind, Technik zu meistern und deren Leistung für eigene Ambitionen strategisch einzusetzen, wirken – so der Soziologe Heinrich Popitz (1992: 74) in seiner Analyse der totalen Gewalt – »märchenhaft potent«. Sie demonstrieren, daß sie handlungskräftige Subjekte auch gegenüber jenen technischen Gerätschaften und Artefakten sind, die das Handeln in der Moderne maßgeblich prägen. Die Strategie der Selbstermächtigung im Extrem- und Risikosport bezüglich der Stellgröße Technik deutet demnach mindestens in zwei Richtungen: Einerseits greifen Menschen auf Technik zurück, um die Kontrolle des Subjekts über die Welt der Technik im Rahmen extremsportlicher Praktiken zu beweisen; andererseits findet eine mehr oder weniger stark ausgeprägte Ablehnung technischer Errungenschaften im Sinne einer »voluntary simplicity« statt, um die Eigenleistungen des Subjekts deutlicher zu profilieren – meist unter Nutzung des menschlichen Körpers als Fortbewegungsvehikel oder durch Rückgriff auf eine Technikstufe, die durch technische Folgeinnovationen bereits überholt und verdrängt wurde.[12] Extremradfahrer durchqueren einen Erdteil in einem »Race across America« und setzen sich so von der allgegenwärtigen Auto- und Flugzeugkultur ab; sie tun dies aber auf Gerätschaften, die dem letzten Stand der Technik entsprechen. Sie werden außerdem von Autos begleitet, die Ärzte, Physiotherapeuten, Technikspezialisten und Medienfachleute transportieren. Selbst die Virtuosen der absoluten Technikverweigerung kommen nicht ohne die Errungenschaften der Sportartikel- und Ernährungsindustrie aus, wenn sie ihr Überleben jenseits der Zivilisation über Wochen und Monate abzusichern haben.

Individuelle Entscheidungen, welche Route genommen, welcher Grat erklommen, wann geschlafen, was gegessen, wie geklettert und gewandert wird und welche Risiken eingegangen werden, erhalten eine besondere Qualität, wenn das Gefühl, autonom handeln und entsprechend zuschreibbare Effekte erzielen zu können, zu einem knappen Gut geworden ist. In einer Gesellschaft, die selbstbezüglich operierende gesellschaftliche Teilsysteme mit entsprechenden Steuerungsimperativen und Mitmacherwartungen gegenüber ihren personalen Mitgliedern ausdifferenziert hat, sind Erfahrungen der Heteronomie und organisatorischen Fremdbestimmung weit verbreitet und werden genau deshalb häufig mit entsprechenden Copingstrategien gekontert.

Das aktive, auf Selbststeuerung und Kontingenz ausgerichtete Handeln markiert den Unterschied zwischen dem modernen Abenteuer- und Extremsport und den standardisierten Angeboten der zeitgenössischen Unterhaltungs- und Erlebnisindustrie, wie man sie beispielsweise auf Jahrmärkten oder in Erlebnisparks zu sehen bekommt. Wenn Menschen in Extrem-Achterbahnen auf Schienen wie Projektile durch den Raum rasen, um ihre Achse rotieren und sich dem Mehrfachen der Gravitation aussetzen, werden sie gehandelt und bewegt, ohne selbst in das Geschehen eingreifen zu können. Das Motto heißt dann nicht Handlungsautonomie. Es geht vielmehr um die bewußte Irritation des Alltagserlebens durch eine maschinell erzeugte und vorgegebene Bewegung. Wenn die übliche Verwendung des Körpers im Alltag ein Gehen, Sitzen oder Liegen vorsieht, kann eine technisch hergestellte Vertigoerfahrung schon faszinieren. Der Spaß besteht dann darin, seiner gewohnten Stabilität beraubt zu werden und in einer kalkulierbaren und reproduzierbaren Weise außeralltägliche Erfahrungen zu sammeln, ohne die eigene Existenz und Gesundheit dabei zu gefährden. Es ist höchstens riskant, in den Situationen der Beschleunigung, des Abbremsens und des Herumgewirbeltwerdens die Kontrolle über Körper und Orientierung zu verlieren. Die Handlungsautonomie ist in derartigen Situationen darauf reduziert, sich per Entscheid auf diese Form der Fremdbestimmung einzulassen oder sich ihr zu verweigern. Denn niemand wird gezwungen, sich in seiner Freizeit gegen ein üppiges Entgelt in eine Extrem-Achterbahn zu setzen, um seine alltägliche Orientierung mit Gegenerfahrungen zu kontrastieren.

Um zu handeln und nicht ge- und behandelt zu werden, konfrontieren Extremsportler sich freiwillig mit Risiken und Gefahren. Sie entziehen sich den typischen Machtverhältnissen des Alltags und bringen mit Körper und Psyche Ressourcen zum Einsatz, die in dieser Form und Kombination innerhalb organisatorisch kontrollierter Milieus nicht sonderlich bedeutsam sind. Dabei verfolgen sie nicht das Ziel, im Rausch der Ereignisse verlorenzugehen; vielmehr wollen sie potentiell überfordernde Situationen beherrschen und kontrollieren. Freikletterer, die ohne Seil und Haken Überhänge in großer Höhe überwinden, oder Snowboarder, die jenseits der Pisten über Klippen in den Abgrund springen, um anschließend auf steilen Hängen Figuren in den Tiefschnee zu malen, geben sich nicht – wie die Haschischraucher oder Heroinkonsumenten in den Bohèmezirkeln des 19. Jahrhunderts – einem Rauschgefühl hin, welches sie in einem zurückgelehnten oder liegenden Passivzustand zu genießen beabsichtigen. Sie sind in ihrem Bewußtsein vielmehr höchst alarmiert und konzentriert. Sie müssen permanent ihren Muskeleinsatz kontrollieren und ihre Schwergewichtsverlagerungen genauestens dosieren, denn ein körperlicher Kontrollverlust wäre ihr Ende.

Damit wird ein wichtiger Zusammenhang deutlich: Der Akt der Selbstermächtigung profitiert von der permanenten Anwesenheit der im Risiko eingespeicherten Verletzungs- und finalen Entmächtigungsgefahr. Der Hang könnte zu steil, die Luft zu dünn, die Wellen könnten zu hoch und die Winde zu stark sein. Erst die Möglichkeit des konsequenzenreichen, vielleicht endgültigen Scheiterns veredelt das Selbstermächtigungshandeln der Extremsportler und setzt es vom Routinehandeln im Alltag ab. Das Damoklesschwert der potentiellen Niederlage, des eklatanten Scheiterns der eigenen Ambitionen, verleiht den Risikosportlern nicht nur einen besonderen Nimbus, sondern vermittelt ihnen ein Gefühl der eigenen Stärke und Mächtigkeit. Dem möglichen schnellen Ende immer einen Schritt voraus zu sein und die Situation trotz aller Widrigkeiten zu kontrollieren, erzeugt Gefühle der individuellen Handlungswirksamkeit und Lebendigkeit.

Der Abenteuer- und Extremsport eignet sich hierfür in einer besonderen Weise. In einer Sphäre des zunächst existentiell Überflüssigen stellt er der subtilen Entmächtigung des einzelnen Subjekts reale Situationen und Handlungsschemata der Selbstermächtigung und aktiven Teilhabe entgegen. Risiko und Wagnis haben nämlich einen allumfassenden, totalisierenden Charakter, weil sie Menschen in extremer Weise absorbieren und fordern, man könnte sagen: »hyperinkludieren« (vgl. Göbel/Schmidt 1998: 111-113). Inklusion bezeichnet gemeinhin den Modus, durch den eine Person als Rollenträger in ein gesellschaftliches Teilsystem einbezogen wird und dabei bestimmte Teilhaberechte und -pflichten erwirbt – z.B. als Athlet im Spitzensport oder als Schüler im Erziehungssystem. »Hyperinklusion« bedeutet dann, daß eine Rolle dem einzelnen so starke Verpflichtungen gegenüber dem betreffenden Teilsystem und dessen Handlungslogik auferlegt, daß er alle anderen Inklusionsbezüge entsprechend vernachlässigen muß. Für unseren Denkzusammenhang soll der Begriff »Hyperinklusion« das völlige Aufgehen einer Person in Abenteuer- und Risikosituationen bezeichnen und damit jenen Zustand beschreiben, in dem Menschen sowohl psychisch als auch physisch völlig integriert und gefordert werden und gerade deshalb auch Fähigkeiten, Fertigkeiten und Ressourcen mobilisieren und einsetzen können, die in anderen Lebenssituationen relativ bedeutungslos sind.

Der Aspekt der »Hyperinklusion« markiert den Unterschied zwischen den Risiken, die Menschen trotz aller sicherheitsstiftenden Vorkehrungen tagtäglich im Alltag einzugehen haben, und jenen Unkalkulierbarkeiten, denen sie sich im Abenteuer- und Risikosport stellen.[13] Denn auch das alltägliche Handeln in der modernen Gesellschaft verläuft nicht völlig risikolos: Schüler können bei Klassenarbeiten versagen und nicht versetzt werden, was für die Gesamtbiographie durchaus einschneidende Wirkungen haben kann. Ehen können sich emotionell und finanziell als höchst ruinös erweisen. Politiker können abgewählt werden oder Wissenschaftler können Theorien nachhängen, die sich im nachhinein als »falsch« und karriereverhindernd herausstellen. Wenn Bergsteiger hingegen die Todeszone über 8.000 m aufsuchen oder Extremkanuten sich in gefährliche Wasserfälle und Strudel stürzen, setzen sie ihre gesamte Existenz aufs Spiel. Es handelt sich bei diesen Handlungen nicht nur um ein Teilrisiko, das der einzelne eingeht. Dies träfe beispielsweise zu, wenn er im Rahmen ökonomischer Transaktionen lediglich seine wirtschaftliche Existenz durch das Unterschreiben unseriöser Verträge riskierte. Aber selbst nach einer Insolvenz geht das Leben anschließend weiter. Der Extremsport inkludiert den Menschen demgegenüber nicht bereichsspezifisch und rein symbolisch, sondern in seiner personalen Gesamtheit, man könnte sagen: »mit Haut und Haaren«. Er bietet deshalb ein radikales Gegenprogramm zur dominanten Inklusionsdynamik der modernen Gesellschaft. Gefährdet ist nicht die Störung der Teilhabe des individuellen Akteurs an einem einzelnen gesellschaftlichen Funktionssystem; vielmehr wird die Materialitätsbasis jedweden Kommunizierens zur Disposition gestellt: nämlich der Gesamtmensch in seiner prinzipiellen Verletzbarkeit und physisch-organischen Endlichkeit.

Damit offeriert das Abenteuer eine knappe Ressource: Es wird genutzt, um die Welt im kleinen, in der Mikrophysik des eigenen Handelns, in den Griff zu nehmen und zu ordnen. Im Risikosport können Menschen noch Wirkungen bewirken, die direkt und existentiell bedeutsam sind und deshalb ein hohes Maß an Plausibilität besitzen. Die spektakulären Aktionen, die Extremsportler ausführen, berichten deshalb nicht nur von Bergen, die bestiegen und von Routen, die gefunden wurden. Sie erzählen immer auch Bewältigungs- und Bewährungsgeschichten; und dies typischerweise in einer Zeit, in der Krisen, Skandale und Zusammenbrüche tagtäglich eher Geschichten der Nichtbewältigung und Desillusionierung erzählen.

Hierbei erfolgt ein Rückgriff auf die Mythen der bürgerlichen Populärkultur, vornehmlich auf die Idee vom freien, autonomen Subjekt, das – auf sich selbst oder eine kleine Gruppe Gleichgesinnter gestellt – durch die Welt streift, um diverse Abenteuer und Bewährungsproben zu bestehen und sich selbst hierbei zu vervollkommnen. Die freiwillige Isolierung in fernen Räumen unterstreicht demonstrativ den Willen zu Eigenständigkeit und Unabhängigkeit. Wer mehrere Monate allein in einem Segelboot die Welt umrundet oder zu zweit durch die Polarregionen streift, kommuniziert eine Botschaft: daß Menschen mit entsprechenden Einstellungen und Fähigkeiten autonomie- und einsamkeitsfähig sind. Die Selbstisolierung in der Weite der Meere, Wüsten oder Gebirge wirft noch einen weiteren Nutzen ab: In einer Gesellschaft, in der die Angst vor Einsamkeit weit verbreitet ist, lassen sich der freiwillige Rückzug und das Kappen der sozialen Beziehungen nach außen auch als Strategie der Selbstidolisierung nutzen (vgl. Kapitel 4).

Literarische Figuren oder Vorbilder aus der Welt der Entdecker, Eroberer, Fernreisenden, Gestrandeten und Hasardeure, der Wissenschaftsabenteurer und der Vorkämpfer/innen für das Recht auf autonomes und außeralltägliches Handeln sind an jenem »Variety pool«

beteiligt, auf den die zeitgenössischen Risiko- und Extremsportler bei Bedarf zurückgreifen können, um ihr Selbstermächtigungsbestreben legitimatorisch zu begründen. Elitäre Massenverachtung, Freiheitsphantasien und Einsamkeitsbegehren treffen dabei aufeinander und gehen unterschiedliche Mischungsverhältnisse ein. Reinhold Messner (1995: 358), einer der wohl bekanntesten Berufsabenteurer, führte hierzu in dankenswerter Offenheit aus: »Mein Unterwegssein hat wenige Richtlinien. Eine davon ist von den Bedingungen des Abenteuers definiert: erstens, daß ich dorthin gehe, wo die anderen nicht sind; zweitens, daß ich mich von der Neugierde leiten lasse; drittens, daß ich bis zur Grenze gehe; viertens, daß ich riskiere, verändert oder nicht wieder zurückzukommen und fünftens, daß ich dem Weg meines Herzens folge. Ich gehe nicht dorthin, wo mich die Medien, die Fans oder meine Vertragspartner gerne sähen, ich gehe dorthin, wo ich immer auch scheitern könnte.«[14]

Abenteuer- und Extremsportler eignen sich aufgrund ihrer Selbststilisierung als autonome und handlungskräftige Subjekte in besonderer Weise als Projektionsflächen für individuelle und kollektive Sinnentwürfe. Die Werbung greift sehr häufig auf Abenteuerfiguren und -praktiken zurück, um in der Öffentlichkeit Zeichen von Individualität und Autonomie zu setzen. Menschen, die freiwillig Ausnahmesituationen aufsuchen, sind anschlußfähig, wenn es darum geht, außeralltägliche Selbstverwirklichungsprogramme anzupreisen und auf hierfür notwendige Produkte hinzuweisen. Risikoakteure gehen deshalb immer häufiger eine Verbindung mit der Sport- und Werbeindustrie ein oder synthetisieren ihr Selbstermächtigungshandeln im Rahmen der modernen Popkultur. Nicht wenige Extremsportler absolvieren ihre Risikotaten heute als angeheuerte Stuntmen der Sportartikel- und Werbewirtschaft. Ihre Auftritte erfolgen dann im Rahmen entsprechend inszenierter Events und Happenings. Da Risikosportler Ereignisse produzieren, die außergewöhnlich, personalisierbar und beobachtbar sind, knappe Aufmerksamkeit generieren und sich für Zerstreuungen, Kurzweil und Ablenkungen eignen, passen sie in besonderer Weise in die »Gesellschaft des Spektakels« (Debord 1996) hinein.

Insbesondere das auf Bilder und permanente Neuigkeiten angewiesene Fernsehen, das die Exit-Option der Zuschauer durch spannende und informative Ereignisse zu unterlaufen trachtet, findet in der Welt des Abenteuers und des Risikos einen Handlungsbereich, der eine sympathetische Nähe zu den eigenen Strukturnotwendigkeiten und Relevanzen aufweist. Abenteuer und Risiko passen in das Ereignisschema der Medien hinein, weil sie spektakuläre Handlungen bieten, die es im Einerlei des Alltags ansonsten nicht zu sehen gibt. Weiterhin sind Abenteuer, die von Menschen durchgeführt werden, für das Fernsehen wichtig, weil dieses Medium alle Informationen und Neuigkeiten, die es verbreitet, durch das Nadelöhr der Bildhaftigkeit und Sehbarkeit zu schleusen hat. Abstraktion ist schlecht vorführbar, da es sich der Transformation in eine eindeutige Bildsprache verweigert. Menschen hingegen kann man zeigen und anschließend interviewen. Und wenn sie dann noch spektakuläre Aktionen durchführen, entsprechen sie dem Neuigkeits- und Visualisierungsbedarf der Massenmedien.

Probleme bei der Übermittlung ihrer Selbstermächtigungsgeschichten nach außen lösen die zeitgenössischen Abenteuer- und Extremsportler häufig mit Hilfe moderner Kommunikationstechniken. Der Akt der Selbstermächtigung wird in Fotos[15], Filmen oder anschließend geschriebenen Büchern abgespeichert. So lassen sich die Taten sowohl für die eigene Biographiearbeit als auch für das Begleit- oder Nacherleben interessierter Beobachter festhalten. Wenn die Risikoaktionen in Räumen stattfinden, die außerhalb der unmittelbaren Lebenssphäre potentieller Zuschauer liegen, helfen Fotoapparate oder auf Helmen, Schiffen oder Surfboards eingebaute Minikameras, um das Abenteuer zu übermitteln und »einzufrieren«. Das überstandene Abenteuer soll schließlich auch dann noch erinnert werden, wenn es schon lange vorbei ist. Verschriftlichung und Verfilmung schreiben das Handeln in ein festes, gegenüber der Irreversibilität der Zeit relativ resistentes Speichermedium ein. Die Abenteuertat erhält dadurch die Qualität eines besonderen Ereignisses, auf das man selbst und andere jeder Zeit zurückschauen kann. Die mitgebrachte Kamera friert den Moment der Bewährung und Gefährdung mit Hilfe des Selbstauslösers ein, beweist die Anwesenheit am exklusiven Ort und sichert spätere soziale Aufmerksamkeit und Akzeptanz. Man fotografiert und filmt sich außerdem, um dem Vorwurf der Lüge durch das Vorlegen eines entsprechenden Bildmaterials zu entgehen.

Inzwischen sorgen eigene Begleitteams, die sich selbst in ihren Berichten als blinde Flecken behandeln, für professionelle Ablichtungen und Kommentierungen. Vor allem installieren sie neuartige Beobachtungsverhältnisse. Der Risikoakteur beobachtet inzwischen nicht nur sich selbst und seine Taten, sondern er wird hierbei von anderen Beobachtern beobachtet, die ihre Beobachtungsergebnisse anschließend Beobachtern dritter und vierter Ordnung weitervermitteln.[16] In seinem Buch »Everest solo« beschreibt Reinhold Messner (2002: 212) den letzten Aufstieg zum Mount Everest wie folgt: »An diesem 20. August lasse ich alles zurück: Zelt, Skistöcke, Matte, Schlafsack. Auch der Rucksack bleibt im Zelt. Nur die Kamera nehme ich mit.« Später, in Beschreibung des Gipfelerlebnisses, führt er (ebd.: 222) aus: »Am Gipfel sehe ich anfangs nichts. Er steckt im Nebel. Also keine göttliche Aussicht. Auch keine erhabenen Gedanken. Automatisch tue ich, was zu tun ich mir vorgenommen habe. Wie in Trance, einem inneren Programm folgend, mache ich einige Bilder.« Reinhold Messner hielt seine Eindrücke anfänglich während des Geschehens mit Diktiergeräten, Tagebüchern[17] oder auf Dia fest, um nach dem bestandenen Abenteuer entsprechende Expeditionsberichte zu schreiben oder in Auditorien vor großem Publikum über seinen Wagemut und seine Erlebnisse zu berichten. Mittlerweile sorgen Handys und Satellitenkommunikation in der Extremsportszene nicht nur für Rettung und Hilfe in Gefahrensituationen. Sie ermöglichen auch die gleichzeitige Teilhabe relevanter Bezugspersonen an der individuellen Selbstermächtigungstat – ohne eine unmittelbare physische Anwesenheit erforderlich zu machen.

Auch das Scheitern läßt sich inzwischen simultan nach außen mitteilen. Selbst das eigene Sterben kann noch im letzten Moment des Lebens kommentiert werden.[18] Hatte der Telefonapparat bereits eine Kommunikation ohne physische Kopräsenz der Kommunizierenden in einer gemeinsamen Situation ermöglicht, befreit das Handy den Abenteurer und Extremsportler aus der Fixierung an eine Telefonleitung und setzt eine Entterritorialisierung des Kommunizierens bei gleichzeitiger Mobilität im Raum durch, die es so vorher nicht gegeben hat. Segelrennen oder Ballonfahrten rund um die Welt können nun im Internet verfolgt werden, sogar mit der prinzipiellen Möglichkeit der interindividuellen Kommunikation mit den vor Ort gegen Wind und Wellen kämpfenden Akteuren.

War der traditionelle Risikoakteur noch schweigsam und höchstens in der Nachbereitung seiner Taten bereit und fähig, über sich und sein Handeln zu reflektieren, ist der moderne Abenteurer öffentlichkeitszugewandt und eloquent. Seit den siebziger Jahren des letzten Jahrhunderts hat sich offensichtlich ein neuer Typus herausgebildet, der weltweit Risiken eingeht, um anschließend oder währenddessen darüber zu berichten. Extremsportler erweisen sich deshalb oft als emsige Protokollanten ihrer Taten. Das Motto lautet: »Ich riskiere etwas, zeichne das Abenteuerprojekt auf und berichte darüber, also bin ich!«. Man notiert, kompiliert und sammelt unterschiedliche Abenteuertaten, listet diese für sich und andere penibel auf und verschafft sich hierüber das Gefühl der Sinnhaftigkeit des eigenen Lebens. Das Ich akzeptiert sich offensichtlich nur dann in seinem Selbstermächtigungsbestreben, wenn es sich beobachtbar macht, das eigene Risikohandeln festhält und bestätigende Rückkopplungen von außen erfährt, und zwar über ein reflexives Erleben, ein Erleben des Erlebens der anderen.[19]

Die gegen bestimmte Erscheinungsformen der modernen Gesellschaft durchgesetzte Selbstermächtigung ist, wie diese Beispiele zeigen, paradoxerweise nur mit den Errungenschaften der Moderne nach außen kommunizierbar. Der zeitgenössische Abenteurer und Extremsportler co-evoluiert mit der Entwicklung der modernen Medien und den sich hieraus ergebenden Möglichkeiten. Er will gesehen und gehört werden und anschließend über sich und seine Taten in anderen Performanzräumen reden – unter anderem wohl auch deshalb, weil seine Sponsoren mit ihren Logos und Ausrüstungen medial wahrgenommen werden wollen. Nur eine Sichtbarkeit, die über den Augenblick des Geschehens hinausreicht, erschließt ein breites Publikum. Und nur derjenige, der als etwas Besonderes gilt, kann anschließend damit Geld verdienen und seine nächsten Projekte finanzieren.

Als Sozialfiguren der Selbstermächtigung können Extremsportler schnell zu *Helden* avancieren oder als solche inszeniert werden. Im Abenteuer fällt es leicht, sich als ein Tatmensch darzustellen, der riskante Situationen nicht scheut, sondern vielmehr heroisch aufsucht, angeht und bewältigt. Helden entstehen im Abenteuer- und Risikosport in jenen seltenen Momenten, in denen einzelne Personen über sich selbst hinauswachsen und extraordinäre Leistungen erbringen. In einer Gesellschaft, in der das Handeln des einzelnen häufig spurenlos verläuft und Personen Bedeutungsverluste und Gefühle der Ohnmacht hinzunehmen haben, zeigen Abenteuerhelden mit ihren spektakulären Aktionen in schlagender Weise genau das Gegenteil: daß Subjekte noch nicht gänzlich tot sind und ein unabhängiges, eigenmächtiges Handeln in einer durchorganisierten Gesellschaft nach wie vor möglich ist. Das Bild des einsam auf der Bergspitze stehenden Bergsteigers, der triumphierend den Arm in die Luft reckt, um von seiner Tat zu berichten, ist ein Sinnbild für dieses Begehren.

Bevor Extremsportler allerdings zu Helden erklärt werden, haben sie sichtbar zu leiden und das Tal der Entbehrungen und Versagungen zu durchschreiten. Sie müssen in ihrem Streben nicht unbedingt erfolgreich sein – bereits der Versuch, das sichtbare Bemühen, genügt, um als jemand anerkannt zu werden, der Widerstand leistete, sich gegen den Lauf der Dinge stemmte und seinen Eigensinn durchzusetzen trachtete. Abenteuerhelden »heiligen« ihre Sache insbesondere dann, wenn sie bereit sind, sich ihr völlig hinzugeben und entsprechende Opfer zu erbringen. Körperschäden und Blessuren legen Zeugnis ab über ihre Hingabebereitschaft und Passion. Wunden, Amputationen und Verletzungen werden deshalb nicht verheimlicht, sondern als »Ehrenzeichen« vorgeführt. Sie belegen in einer sehr eindeutigen Weise, daß man das Äußerste zu geben bereit war.

Die Helden des Abenteuer- und Extremsports verweisen nicht nur auf außeralltägliche Leistungen und eine außergewöhnliche Opfer- und Leidensbereitschaft. Sie profitieren von der Verdrängung des Helden in der Restgesellschaft, beispielsweise durch die Desillusionierung von Politikhelden infolge politischer Skandale. Auch Religionshelden sind nach den blutigen Erfahrungen der Religionskriege sowie nach der Entzauberung durch Wissenschaft nicht mehr das, was sie einmal waren. Und in einer durch Friedensgebote maßgeblich geprägten Gesellschaft haben Militärhelden – bis auf weiteres – keine größeren Resonanzchancen, da ihre öffentliche Nobilitierung mit Hilfe von Orden und Ehrenzeichen nicht, wie im Sport, auf die »Leichtigkeit des Seins« verweist, sondern auf die vorzeitige und gewaltsam hergestellte

Finalität des Lebens.[20] Der Sport hingegen ist ein Hochamt des Subjekts – selbst wenn Gruppen im Spiel sind. Die einzelnen Akteure erbringen leicht nachvollziehbare, verständliche und »ehrliche« Leistungen und unterhalten das Publikum – wenn sie in ihrem Handeln medial beobachtet werden – zudem in einer angenehmen Weise. Der Sport ist eine bewußte Inszenierung für das Sichtbarmachen von Körpern und Personen.

# 3 Gesellschaftsumwelt als Fluchtpunkt

Das Selbstermächtigungsprogramm mit Hilfe des modernen Risiko- und Abenteuersports vollzieht sich interessanterweise im Rahmen einer systematisch hergestellten Konfrontation mit der Komplexität außergesellschaftlicher Größen, nämlich mit der Eigengesetzlichkeit der Natur, des physikalischen Kosmos sowie mit der Eigenlogik des menschlichen Körpers. Eine derartige Auseinandersetzung hat entscheidende Vorteile: Am Berg, im Wasser oder in der Luft gelten andere Spielregeln als in der Sphäre der gesellschaftlichen Kommunikation. Die Natur kommuniziert schließlich nicht mit dem Menschen, auch wenn sie Geräusche erzeugt und Menschen sich zum Verstehen herausgefordert fühlen. Sie schweigt vielmehr und folgt ihrer eigenen Logik. Berge, Wellen und Wüsten sind indifferent gegenüber kommunikativen Steuerungsansprüchen.[21] Die Elemente, die in der Natur anzutreffen sind, lassen zudem nur bestimmte körperliche Bewegungsabfolgen zu, andere werden unbarmherzig sanktioniert und mit letalen Ergebnissen bestraft. So erlauben die Gesetze der Schwerkraft nur eine begrenzte Fortbewegung. Der Körper bleibt der Erde verhaftet.[22] Auch die Sonnenbestrahlung während eines Wüstenmarathons läßt sich per Diskursentscheid nicht abstellen, ebenso wie der freie Fall eines Menschen beim Fallschirmspringen und die Kälte bei einer Polarüberquerung nicht durch den Willen der Fallenden oder Gleitenden aus der Welt geschafft werden können. Die prinzipielle Unbeeinflußbarkeit von Sonne, Wasser, Luft und Erde lassen diese Elemente zu konkreten Herausforderungen werden, die Menschen im Rahmen von Selbstbehauptungsprogrammen auch bewußt nutzen. In einer steilen Bergwand oder einer Riesenwelle messen sie sich mit naturalen Kräften, und nicht mit jenen gesellschaftlich-symbolischen Wirkungszusammenhängen, die ihre Steuerungskraft hinter dem Rücken der Akteure und häufig jenseits des Individualwillens entfalten und im Alltag oft Gefühle der Fremdsteuerung, Nichtigkeit und Übermächtigung hervorrufen.

Sportakteure, die sich freiwillig naturalen Eigenheiten aussetzen, wenden sich Größen zu, die nicht auf der Grundlage von Sinn operieren. Dies gilt sowohl für den eigenen Körper, der auf der Basis von Leben funktioniert. Dies gilt auch für die Eigendynamik der Elemente wie Wasser, Luft oder Erde, die nicht sinnhaft-kommunikativen Gesetzmäßigkeiten unterliegen.[23] Die im Extremsport notwendigen körperlichen Bewegungsvollzüge sind vielmehr vom Ernst gesellschaftlicher Kommunikation entlastet. Sie können durch Kommunikation zwar angeregt und beeinflußt, aber nicht vollständig determiniert werden. Extremsportler treffen im Moment ihres Handelns nicht auf die Kompliziertheit von Geld, Macht, Wissen oder Wahrheit. Es geht auch nicht um die Erzeugung virtuoser sprachlicher oder schriftlicher Kommunikation, um ein Raffinement auf der Diskursebene. Vielmehr zählen im Moment der Aufgabenbewältigung andere Qualitäten: Mut, Geschicklichkeit und physisch-organische Einsatzbereitschaft sowie die Fähigkeit, Naturgesetze zu dechiffrieren und in dieser Welt der prinzipiellen Andersartigkeit situationsangemessen zu reagieren.

Eben weil die unmittelbare Bewährung nicht im Bereich der gesellschaftlichen Kommunikation erfolgt, sondern in der Bewältigung außergesellschaftlicher Herausforderungen, signalisieren die Handlungsfelder des Risikosports sowohl den beteiligten Akteuren als auch den Beobachtern, daß ein hier vollzogenes Handeln gerade deshalb einen außeralltäglichen Spaß machen kann. Der Sinn des Sports besteht darin, nicht auf den Sinn von Kommunikation zu bauen, sondern vielmehr die Intensitäten des Körpers und die Eigenheiten und Restriktionen der Natur ins Spiel zu bringen und für ein Erleben und Handeln zu nutzen. So reiten Extremsurfer auf riesigen Wellen, gleiten in rasanter Fahrt durch enge Wassertunnel und leben einen Traum aus, dessen Verwirklichung dem Menschen auf der Erde verwehrt ist: sich reibungsfrei fortzubewegen.[24] Sie lassen sich von Kräften tragen, die nicht die ihren sind. Vor allem verschafft die riskante Bewältigung naturaler Größen dem psychischen Erleben Gefühle der Machbarkeit, Selbstwirksamkeit und Lebendigkeit, wie sie weder in der Büroarbeit noch beim Mähen des eigenen Rasens zustande kommen können. Extremsportler sind Meister der Anpassung und des situativen Entscheidens, wann und wie zu handeln ist. Die Natur ist dabei der Taktgeber, Begrenzer und Ermöglicher ihres Handelns.

Die reale Realität der Berge, Meere und Wüsten, die dem Menschen enge Grenzen setzt und ihm weitgehend vorschreibt, wie er sich zu verhalten hat, wird so zu einem paradoxen Fluchtpunkt der Sinnhaftigkeit, zu einem Hoffnungsraum einer Gesellschaft, die ihre Mitglieder durch die Mehrsinnigkeit und Widersprüchlichkeit ihrer Kommunikation zu überfordern scheint. Die Moderne produziert schließlich nicht nur Kommunikationen, die auf den Gleisen symbolisch generalisierter Steuerungsmedien ablaufen und deshalb ein hohes Maß an Erwartbarkeit und Annahmemotivation auf der Ebene von Personen erzeugen; sie läßt Menschen auch an den Konflikten, Disparatheiten und Abstimmungsdefiziten teilhaben, die zwischen den Teillogiken der einzelnen gesellschaftlichen Funktionsfelder entstehen. Vor allem aber konfrontiert sie Menschen mit kommunikativer Symbolik und Abstraktion und dem Risiko des Mißverstehens.

Wenn also Menschen in der Welt abstrakter und personenfern ablaufender gesellschaftlicher Kommunikation keine Sicherheit zu finden meinen, sich gehandelt, mißverstanden und fremdgesteuert fühlen, dann stehen wenigstens noch die Feinmotorik der Muskeln sowie psychische Eigenschaften zur Verfügung, um sich selbst und anderen Handlungsfähigkeit zu demonstrieren. Nicht abstrakte und symbolische Formen geben Halt, es sind vielmehr die konkreten Ausprägungen der physikalischen Welt, die als Fixpunkte in Anspruch genommen werden. Der moderne (Extrem-)Sport ist vor diesem Hintergrund als ein Sozialbereich anzusehen, der primär nicht mit der Abwicklung gesellschaftlicher Kommunikation befaßt ist, sondern mit der Einwirkung auf die personale Umwelt von Gesellschaft. Anders formuliert: Der Sport hat in seinen diversen Modellen mit der Bearbeitung von Themen zu tun, die sich aus der Komplexität, Intransparenz und Folgelastigkeit gesellschaftlicher Kommunikation für die personale Umwelt der Gesellschaft, nämlich Menschen, ergeben haben. Daß er heute in Gestalt des Abenteuer- und Risikosports und dessen Körper- und Erlebnisorientierung eine so eminente Bedeutung spielt, kann demnach auch als eine Reaktion auf die expandierende Abstraktheit gesellschaftlicher Kommunikation, auf Dissonanzerfahrungen, gesellschaftlich erzeugte Desillusionierungen, Körperverdrängungen und den kommunikativen Verschleiß gewertet werden, wie er insbesondere durch die Massenmedien hervorgerufen und ins personale Bewußtsein hineintransportiert wird. Wo viele reden, aber in ihren Äußerungen häufig nicht meinen, was sie sagen, und ohnehin nur die »Kommunikation kommuniziert« (Luhmann 1995: 113f), geben Körper und Natur als spür- und greifbare Größen ein Eindeutigkeitsversprechen, das seinesgleichen sucht.

Schnee, Wasser, Steine oder Berge stellen eine »harte Wirklichkeit«[25] dar, die dem menschlichen Beobachter und Nutzer in einer sehr plausiblen Weise als »objektiv«, »autonom« und »real« erscheint. Die naturalen Elemente, aus denen diese Realität besteht, sind mehr oder weniger eng miteinander gekoppelt und durch einen Beobachter nicht veränderbar. Daß Menschen sie für Zwecke der Selbstverortung und Selbstermächtigung und als Quellen für die Erzeugung von Verläßlichkeitsgefühlen nutzen, ist deshalb verständlich. Und daß sie hierbei verstärkt auf ihre eigene physisch-organische Umwelt zurückgreifen, um sich in dieser Welt zu verorten, macht Sinn, weil der Körper eine real existierende Größe ist, die das Bewußtsein nur in begrenzten Bahnen bewegen und steuern kann. Der Körper läßt sich mit den Eigenheiten der Natur besser akkordieren als mit abstrakten und nichtmateriellen Symbolwelten.

Eben weil die moderne Gesellschaft mit ihrer kommunikativen Vielfalt, mit ihren Konflikten und Widersprüchen vielen Menschen als distanziert und unbehaust erscheint, wird der außergesellschaftlichen Umwelt, der Natur und dem Körper, die Aura der Reinheit und Sakralität zugesprochen. Damit kehrt ein Motiv in den gesellschaftlichen Diskurs zurück, das seit Rousseau bekannt ist: die Natur als der bessere Ort, an dem die problematische Zurichtung des Menschen durch die Gesellschaft kurierbar sei. Berge, Meere, Wälder und Wüsten erfahren eine idealisierte Überhöhung als Orte, in denen der Mensch zu sich selbst kommen und sich von den gesellschaftlich erzeugten Verwerfungen erholen könne.

Die Semantik von der »Wildheit« (Aufmuth 1996: 92ff) des Tuns, die in der Beschreibung extremsportlichen Handelns häufig anzutreffen ist, beschreibt die Differenz zwischen Alltag und Abenteuer, und damit zwischen der Inklusion der Menschen in die gesellschaftliche Kommunikationssphäre einerseits und ihrer Teilhabe an der Logik und Eigengesetzlichkeit einer Umwelt andererseits, die durch Kommunikation weder erreicht noch vollständig gesteuert werden kann. Was bleibt, sind die Erfahrungen derjenigen, die sich an die Eigenheiten der Außenrealität anzupassen versuchen und entsprechende Gefühle entwickeln und ausdrücken. Die Rede von einer Authentizität des Erlebens, von Schmerzen, Müdigkeiten und Körperschäden, von Tod, Glücksgefühlen und Naturerleben drückt aus, was ein beobachtendes Bewußtsein zu sehen bekommt, wenn es sich mit den Eigenlogiken der gesellschaftlichen Umwelt auseinandersetzt und in seiner Selbstbezüglichkeit durch außerkommunikative Eigenheiten perturbiert wird.

Es entspricht der Ausrichtung auf die Welt der Nicht-Kommunikation, auf das gesellschaftlich nicht direkt Verfügbare, wenn Extremsportler ihr Risikohandeln im Kontext von Flüssen, Wüsten, Bergen und Meeren durchführen oder auf die Artefakte der modernen Gesellschaft in Gestalt von Straßen, Hochhäusern, Staudämmen und Türmen zurückgreifen, um diese für ihre Abenteuerzwecke umzufunktionalisieren. An diesen Orten kämpfen sie dann mit ihren Körpern gegen die oft übermächtigen Gesetze der Natur. Hier sammeln sie außeralltägliche Brems-, Fall- und Beschleunigungserfahrungen, hier müssen sie oft hungern, frieren oder schwitzen, um eigene Steuerungsfähigkeiten zu beweisen. Sie folgen dabei dem Rhythmus der Wellen, den Konsistenzbedingungen der Erde, dem Wechsel von Hell und Dunkel, Höhe und Tiefe, von Wind und Flaute oder von Wärme und Kälte. Im Abenteuersport verschafft sich das Subjekt – wie man sieht – Differenzerfahrungen, die in der Sphäre gesellschaftlicher Kommunikation so nicht zu bekommen sind.

Der moderne Abenteuer- und Risikosport ist in einer leicht nachvollziehbaren Weise ein *real life*-Event. Die Selbstermächtigungsgeschichten, die hier erzählt oder gezeigt werden, sind beobachtbar und relativ leicht zu dechiffrieren, weil sie nah an der Alltagsontologie späterer Zuschauer und Zuhörer ausgerichtet sind und nicht in einer

Welt der Abstraktion und Symbolik stattfinden. Risikoepisoden lassen sich noch mit den Evidenz- und Plausibilisierungskriterien eines vornehmlich aus Laien bestehenden Publikums beurteilen und können auf der Grundlage einer »organischen Empathie« wahrgenommen und verstanden werden. Externe Beobachter brauchen keine abstrakten Denkkalküle einzusetzen und sich ein langwieriges Expertenwissen anzueignen, sondern sind vielmehr für ein schnelles Genießen freigesetzt. Im Zentrum stehen einzelne Individuen oder Gruppen, die sich in der einen oder anderen Weise zu bewähren trachten und Aufgaben angehen, die konkret sind und auf eine binäre Entscheidung herauslaufen: Entweder man schafft es oder man scheitert.[26]

Über den Körperbezug des Abenteuerhandelns lassen sich zudem personale Bestrebungen vorführen, die ohne einen Rekurs auf den Körper geringere Chancen hätten, gesellschaftlich beobachtet werden zu können. Der bewußte Rückgriff auf motorische Fertigkeiten im Rahmen von Abenteuer- und Risikoinszenierungen bietet die Chance, Sinnentwürfe zum Ausdruck zu bringen, die auf der Ebene gesellschaftlicher Funktionssysteme nur schwer durchsetzbar sind, weil sie dort im Dickicht der Abstraktion und der binären Codierungen hängenblieben. Wenn also Selbstermächtigungsversuche im normalen Arbeitsalltag oft an Grenzen stoßen, weil die Asymmetrie von Person und Organisation dort nur um den Preis einer weiteren gravierenden Marginalisierung des Subjekts aufgelöst werden kann, bleibt letztlich nur die Freizeit mit ihren diversen Gestaltungsmöglichkeiten, um eine Resymmetrisierung zu ermöglichen und Kontrolle zurückzugewinnen.[27]

Das Austarieren der Dysbalance zwischen individuellen und korporativen Akteuren erfolgt demnach nicht dort, wo sie faktisch hergestellt wird. Sie findet vielmehr an einer dritten Stelle statt. Der Sport mit seinen diversen Modellen bietet sich für eine derartige Resymmetrisierungsarbeit geradezu an, weil er durch seine Körper- und Personenorientierung ohnehin schon Dimensionen repräsentiert, die in der modernen Gesellschaft vernachlässigt werden. Außerdem findet der Sport typischerweise in der Freizeit statt, also in jener Time-out-Phase, in der dem Subjekt mehr Autonomie konzediert wird als beispielsweise im Berufs- und Arbeitsleben. Seine Schlagkraft für das Selbstermächtigungshandeln erwirbt der Sport paradoxerweise häufig dadurch, daß er gegen die Anonymität, Intransparenz, Durchrationalisierung und Personenferne korporativer Akteure spezifische Interessenorganisationen ausdifferenziert hat, die Interaktionsnähe, Transparenz und Personenberücksichtigung noch als wünschens- und erstrebenswert erachten.

# 4 Individualisierung und Distinktion

Menschen wollen im Abenteuer- und Risikosport nicht nur sich selbst als handlungskräftig erleben und beeindrucken. Sie wollen auch von ihren Mitmenschen als einzigartige und selbstmächtige Personen wahrgenommen werden. In komplexen Gesellschaften sind Bemühungen dieser Art erwartbar, weil Personen ihre Individualität komparativ gegenüber anderen zu beweisen haben. Die Distinktionsbedürfnisse sind – und dies gilt es aus soziologischer Sicht zu betonen – weder genetisch programmiert noch psychisch dem Subjekt als starre Verhaltensvorgaben auferlegt. Sie verweisen vielmehr auf gesellschaftliche Umbauprozesse, die neuartige Formen der Selbstdarstellung und -inszenierung hervorbringen und bisherige Identitätsanforderungen auf den Kopf stellen. Dieser Zusammenhang zwischen Abenteuer, Distinktion, Identität und Gesellschaft ergibt sich wie folgt:

Im Gegensatz zur vormodernen Gesellschaft, in der die bestehende Sozialhierarchie die Möglichkeiten und Grenzen der individuellen Lebensgestaltung und Selbstpräsentation strikt festlegte und ein Handeln jenseits dieser Vorgaben nur um den Preis der sozialen Ächtung und Entwurzelung möglich war, konfrontiert die Moderne das Subjekt mit der Aufgabe, sich sowohl nach außen – gegenüber anderen – als auch nach innen – gegenüber sich selbst – als eine originäre Größe darzustellen und abzugrenzen. Der mittelalterliche Mensch fand seinen gesellschaftlichen Status und seine Ich-Identität hingegen noch innerhalb der existierenden und extramundan legitimierten Ständehierarchie. Er war Priester, Bauer, Händler, Gaukler oder Adliger, von

Geburt an bis zu seinem Tode. In einen anderen Stand überzuwechseln, war nicht möglich, da Personen ihrem Herkunftsmilieu in ihrer Gesamtheit zugeordnet waren und dadurch aus anderen Ständen exkludiert wurden. Die Theorie der Person in der Person fiel entsprechend konsistent und stabil aus, weil sie durch die starre und über Jahrhunderte weitgehend unveränderte Gesellschaftsordnung paßgenau abgesichert wurde.

Der Wechsel von einer stratifizierten zu einer funktional differenzierten Sozialmatrix, wie er ab 1800 in Europa stattfand, hat die Menschen aus diesen traditionellen Ligaturen und Sicherheiten entlassen. Individuen haben nun Teil an mehreren gesellschaftlichen Teilsystemen, in die sie jeweils nur in engbegrenzten Ausschnitten integriert sind. Der soziale Status des einzelnen Subjekts richtet sich vornehmlich nach der Karriere in Organisationen und deren Rangzuteilung, »und nicht umgekehrt, wie in älteren Gesellschaften, die zumutbare Arbeitsleistung nach dem sozialen Status« (Luhmann 2000: 382). Die Frage, wer man ist, erhält vor dem Hintergrund der multiplen Inklusion des einzelnen Subjekts in eine differenzierte Gesellschaft eine neue Qualität. Das Selbstverständnis der Person kann nicht mehr auf eine eindeutige soziale Lokalisierung innerhalb der Gesellschaft zurückgreifen, da der einzelne Akteur nicht mehr in einem einzigen, überschaubaren Sozialgebilde lebt, das alle Daseinsfunktionen gleichzeitig erfüllt und ihn in seiner diffusen Gesamtheit wahrnimmt. Menschen verbringen einen Großteil ihres Lebens in sozialen Gebilden, die sie »nur« in sachorientierten und unpersönlichen Ausschnitten zulassen. Wo alte Bindungen an Familie, Religion und Nation verblassen und als identitätsverbürgende Gewißheitsquellen an Bedeutung verlieren, ist der einzelne immer weniger in der Lage, sich in einer bestimmten sozialen Schicht zu verorten und auf deren Ordnungsleistungen zu vertrauen. Die Sicherheit für das eigene Leben kommt nicht mehr automatisch allein durch die Teilhabe an ständischen, lokalen und häuslichen Lebenszusammenhängen zustande. Religion ist nach wie vor für viele Menschen bedeutsam, wird aber zu einer privaten Entscheidung.

Der Prozeß der Individualisierung nimmt dem Subjekt die Möglichkeit, sein Selbst auf der Grundlage fester, unhinterfragbarer und allgemein gültiger Modelle zu beschreiben. Die Freisetzung von den klassischen Sinngebungsinstanzen beinhaltet einen Bedeutungsverlust vormals sicherheitsstiftender Wirklichkeitskonstruktionen. Die Lebenslagen werden insgesamt labil. Menschen müssen, wie Norbert Elias (1969) in seinen klassischen Studien über die psychogenetischen Konsequenzen des europäischen Zivilisationsprozesses herausfand, ihren inneren Erlebnishaushalt auf die differenzierte Situation ihrer Umgebung abstellen. Sie haben Gleichgültigkeiten und Aufmerksamkeiten gleichzeitig zu entwickeln und entsprechende Handlungskompetenzen und Selbstkontrollmechanismen auszuprägen. Sie müssen vor allem lernen, ihre unmittelbaren Bedürfnisse zu vertagen, und ohne innere Anteilnahme geschickt zwischen den verschiedenen Lebenssphären und Erwartungsträgern hin und her wechseln.

Da differenzierte Sozialordnungen durch den enormen Komplexitäts- und Kontingenzzuwachs nicht mehr in der Lage sind, jedem einzelnen Menschen einen und nur einen unverwechselbaren Ort für die Abwicklung seiner Lebensführung zuzuweisen, haben sie individuelle Freiheiten zu konzedieren, um überhaupt funktionieren zu können. Die Identität des modernen Subjekts muß neu bestimmt, gleichsam aus seiner Mehrfachteilhabe an der Gesellschaft extrapoliert werden. Kurzum: Das Subjekt muß Selbstreferentialität ausprägen und beweisen, und es unternimmt dies, indem es sich gegenüber seiner Umwelt als etwas Eigenständiges und Einmaliges abgrenzt und zu einem Propagandisten in eigener Sache wird. Eine derartige Selbstfestlegung funktioniert nur auf der Grundlage einer Differenzsetzung oder – theoretisch formuliert – durch Einführung einer System-Umwelt-Differenz in das psychische System. Denn nur so lassen sich Informationen gewinnen. Das Selbst beobachtet sich in Gestalt innerer Reflexionsfiguren und muß hierbei so tun, als ob es von außen gekommen wäre. Es bekommt sich nur als Differenz zu sehen, nämlich in Form einer positiven oder negativen Tautologie: »Ich bin, wie ich bin«, oder: »Ich bin, wie ich nicht bin, aber gerne sein möchte« (vgl. Luhmann 1987: 129).

Die Entscheidung, wer man ist, hängt somit immer weniger von der Definitionsmacht überindividueller Instanzen ab: Der Mensch wird – in der Sprache Heideggers – »auf sich selbst zurückgeworfen«. Die Ansprüche, sich zu identifizieren, kommen allerdings nicht nur aus der personalen Innerlichkeit. Sie werden auch von außen als Zumutung an das Subjekt herangetragen. Der einzelne wird dadurch notwendigerweise immer mehr zum Zentrum der eigenen Biographiegestaltung; er wird gleichsam dazu gezwungen, Karriere zu machen. So hat der individuelle Akteur spätestens in Bewerbungsverfahren zu zeigen, wer er ist, was er mit seiner Biographie angefangen hat oder was er vorgibt, anderen vorauszuhaben.

Eine Gesellschaft, die Individualisierung strukturell produziert, prägt in ihrem Kommunikationspanorama entsprechende, auf Umsetzung ausgerichtete Sinnschablonen und Semantiken aus. Selbstverwirklichung und Grenzgängertum werden zu Kampfformeln, anhand derer individualisierte Akteure ihrer Subjektivität die Möglichkeit geben, Besonderheit auszudrücken und die Angst, nicht beachtet zu werden, durch entsprechende Maßnahmen zu kontern. Individualität und Einzigartigkeit als kulturelle Leitorientierungen sind somit Konsequenzen sozialstruktureller Veränderungen, die Menschen aus vormaligen Bindungen freisetzen und in zunehmender Weise zur Selbstgestaltung auffordern. Der individuelle Lebenslauf wird, weil er so und nicht anders verläuft, zum Fixpunkt, an dem das Subjekt sich in seinen Eigenheiten sichtbar machen und Eigenständigkeit beweisen kann. Und was differenziert in einer durch Routine, Sicherheitsorientierung und Alltäglichkeit geprägten Gesellschaft mehr als die Selbstdefinition als Extremsportler oder Abenteurer? Wer seiner Persönlichkeit eine unverwechselbare Note geben möchte, findet, so die Pointe, in extremen Praktiken ein dankbares Betätigungsfeld. Denn die Einzigartigkeit einer Person läßt sich in besonderer Weise durch die Einmaligkeit einer extremen Tat beweisen. Abenteuer und Risikosport sind Formen, die sich im Medium des Sinns herausgebildet haben und mit denen Menschen die Möglichkeit erhalten, auf Distanz zum Alltags-Ich, zur Normalverwendung des Körpers und zu etablierten Raum-Zeit-Konfigurationen zu gehen.

Die Rekord- und Selbstgefährdungsaktionen im Risikosport dienen vornehmlich als Folien, in die sich entsprechende Subjektivierungs- und Biographiebemühungen einarbeiten lassen. Wenn Individualität gleichsam zur Pflicht wird, hat der einzelne entsprechend zu handeln und über sich zu berichten. Er kann dies auch dadurch tun, daß er zu nonverbalen Aktionen greift, die sich selbst weitgehend kommentieren. Der moderne Risikosport eröffnet Menschen – so betrachtet – die Möglichkeit, sich in außeralltäglichen Situationen als singuläre Existenzen zu präsentieren und theatralisch vor den Augen anderer zu inszenieren, ohne ein einziges Wort zu sprechen.[28] Die Tat spricht für sich, auch wenn der Akteur schweigt. Risikohandeln setzt lediglich Wahrnehmungsfähigkeit voraus und entlastet die Risikoträger davon, Virtuosen des Wortes oder der Schrift sein zu müssen. Gerade weil der Körper in seiner gesellschaftlichen Relevanz abnimmt, wächst seine Bedeutung als Trägersystem für Zeichen und für Praktiken der Abgrenzung und des symbolischen Ausdrucks. Das Non-Verbale und rein Körperliche des Handlungsvollzugs schließen im übrigen nicht aus, daß eine Begleitkommunikation der Risikohelden über sich selbst oder durch andere stattfindet.

Eine in der Welt naturaler Gesetzmäßigkeiten vollzogene Distinktion hat entscheidende Vorteile: Menschen versetzen sich am Berg, im Wasser oder in der Luft in die Lage, andere Formen der Selbstlegitimierung zu entdecken und für den Aufbau des Selbstwertgefühls anzuwenden, als ihnen im Alltag zur Verfügung stehen. Für den Reputationserwerb am Berg, in der Luft oder im Wasser zählen eigene psychische und physische Fähigkeiten, also askriptive Merkmale, und nicht Ressourcen wie Herkunft, Geld, beruflicher Status oder erlerntes Buchwissen. Körperorientierte Risikobereitschaft deutet auf eine Persönlichkeit hin, die in einer Welt der Waren, des Konsums und des anstrengungsfreien Sich-Auslebens die Fähigkeit besitzt, subtil nein zu sagen, sich der Masse zu verweigern und eigensinnig einem anderen Weg zu folgen. Am Berg können auch die »einfachen« Bewohner armer Regionen und gesellschaftlich deprivilegierter Räume den »Städtern« in der ihnen verfügbaren »Körpersprache« zeigen, daß es noch andere Reputationshierarchien gibt; und sie können in ihren Körperkompetenzen Anerkennung finden, ohne zu sprechen. Hier können allerdings auch die Bewohner urbaner Regionen demonstrieren, daß auch sie noch in der Lage sind, sich den körper- und personenverdrängenden Folgen des Modernisierungsprozesses erfolgreich zu widersetzen.

Abenteuerakteure nutzen die in der gesellschaftlichen Umwelt vorfindbaren Elemente, um sich dort in besonderen Personen- und Körperformen sichtbar zu machen. Ihr Handeln läßt sich dann als Text lesen. Der Bergsteiger, der mit einer entsprechenden Ausrüstung aufbricht, um ein spezifisches Abenteuer zu bewältigen, erzählt bereits durch seine äußere Erscheinung, seine Ausrüstung und sein Verhalten Geschichten der Robustheit, Naturwüchsigkeit, Risikobereitschaft und Fitneß. Und der Ultratriathlet, der mehrfach hintereinander bis zur völligen Erschöpfung schwimmt, radfährt und läuft, berichtet durch sein extremes Tun von einer Bereitschaft, die in der modernen Gesellschaft ansonsten wohl nur selten anzutreffen ist, nämlich sich selbst freiwillig über einen längeren Zeitraum zu quälen und eine entsprechende Leidenstoleranz aufzubringen.

Wasser, Luft, Licht und Erde machen demnach menschliches Handeln beobachtbar. Dies hat gegenüber anderen Versuchen der Selbstdarstellung und des Distinktionsmanagements erhebliche Vorteile. In außersportlichen Sozialbereichen ablaufende Selbstermächtigungs- und Distinktionsmaßnahmen stoßen auf Grenzen, weil sie in einer Welt der reinen Abstraktion und Symbolik, nämlich in anderen Medien, stattfinden. Kopfabenteuer und Selbstprofilierungsversuche, die beispielsweise in der Wissenschaft angesiedelt sind, schlagen sich vornehmlich im Medium von Schrift, genauer: in Gestalt von Publikationen, nieder. Erst wenn ein Wissenschaftler an entsprechend hochgeschätzten Orten, sprich in Zeitschriften oder Verlagen, publiziert hat, wird soziale Reputation als Zweitcodierung des wissenschaftlichen Wahrheitscodes vergeben (vgl. Luhmann 1970: 237). Die primären Produkte individueller Selbstermächtigung im Rahmen des Wissenschaftssystems sind dabei meist nur einer lesenden Sonderöffentlichkeit zugänglich, sie lassen sich schlecht visualisieren und erzeugen oftmals bei denen, die wissenschaftliche Abstraktion und Sprache nicht beherrschen, gravierende Verstehensprobleme.[29]

Um Individualität über extreme und riskante Abenteuerpraktiken zu demonstrieren, können Menschen alle Dimensionen des Erlebens und Handelns alleine oder in Kombination in Anspruch nehmen. Die folgenden Ausführungen sollen die distinktionsorientierte Verwendung von Zeit, Sachlichkeit, Sozialität und Raum, wie sie im zeitgenössischen Risikosport häufig anzutreffen ist, exemplarisch vorführen: Nachdem das Panorama, die Eisenbahn, der Fahrstuhl und das Kino die Zeitgenossen nicht mehr zu schockieren in der Lage sind, weil diese sich mit ihrem Erfahrungshaushalt inzwischen an die Schnelligkeit der gegenwärtigen Seh- und Fortbewegungstechniken angepaßt haben, sind die Reizerfordernisse offensichtlich massiv zu steigern, um als Subjekt in der *Zeitdimension* extrem und einzigartig zu erscheinen. Wenn ein Großteil der Gesellschaftsmitglieder bereits Auto-, Flugzeug- und ICE-Erfahrungen sammeln konnte und demnach an hohe Geschwindigkeiten gewöhnt ist, muß das Tempo im zeitgenössischen Extremsport noch einmal erhöht werden, um Individualität qua Geschwindigkeit zu demonstrieren. Es ist deshalb nicht überraschend, daß viele moderne Risikovirtuosen die Zeitdimension in Gestalt schnelligkeitsorientierter Handlungsformen nutzen. Typisch ist dann die enorme Beschleunigung von Person und Körper. Der Risikosport unterbreitet dabei eine mehrfache Geschwindigkeitsofferte. Einerseits benutzen Menschen technische Geräte, um sich mit diesen symbiotisch zu vereinen (Autorennen, Extrem-Abfahrten etc.); andererseits bringen sie sich mit ihren Körpern in Situationen hinein, in denen sie sich auf entsprechenden Gerätschaften durch naturale Kräfte beschleunigen lassen. Menschen reiten auf Wellen, sausen steile Pisten mit 250 km/h hinunter und opponieren so gegen die Bewegungsformen und -geschwindigkeiten des zivilisierten Alltags. Dabei soll der Geschwindigkeitsrausch sowohl bewältigt als auch genossen werden. Das Dionysische verbindet sich dann mit dem Appolonischen in einer bemerkenswerten Weise. Rausch und Selbstkontrolle fallen nicht auseinander, sondern verschmelzen miteinander.

Die Zeitdimension kommt außerdem für Individualisierungsmaßnahmen ins Spiel, wenn Menschen bestimmte Räume möglichst schnell horizontal oder vertikal durchqueren, um quantitativ meßbare Größen zu erreichen. Man besteigt dann nicht nur einen einzelnen Achttausender, sondern erklettert die höchsten Berge aller Kontinente oder einer bestimmten Region in möglichst kurzer Zeit. Das Schweizer Magazin Graubünden Exklusiv (25, Sommer 2002) meldete kürzlich: »Am Freitag, 5. April 2002, fiel auf dem Davoser Weißfluhjoch der Startschuß zum Projekt Graubünden 3000: Die beiden Davoser Outdoor-Abenteurer Emil Inauen und Walter von Ballmoos wollen bis im Oktober alle 460 Bündner Gipfel über 3.000 m ü.M. besteigen. [...] ›Es ist die sportliche Herausforderung, etwas Einzigartiges zu leisten und die Möglichkeit, vor der eigenen Haustür eine alpinistische Pioniertat zu vollbringen‹, begründet Emil Inauen die Motivation zu diesem Abenteuer. Mit Graubünden 3000 betreten Inauen und von

Ballmoos in der Tat Neuland, das sie physisch und psychisch an Grenzen führt.«

Eine Extremisierung kann weiterhin durch die zeitliche Dehnung einer bestimmten Tätigkeit zustande kommen. Galten lange Zeit der Marathonlauf und der 100-Kilometer-Lauf als das Nonplusultra einer körperlichen und psychischen Dauerbelastung, werden Aktivitäten dieser Art heute bereits von guttrainierten Breitensportlern absolviert. Wer sich vor dem Hintergrund einer derartigen Annektierung des Extremseins als etwas Besonderes profilieren möchte, muß die Definition des Extremseins überarbeiten und beispielsweise Ultramarathonläufe absolvieren oder Kontinentalüberquerungen durchführen, worüber eine überregionale Zeitung (FAZ, 23.6.2003) unter der Überschrift »Nach 5.000 Kilometern quer durch Europa im Ziel« berichtete: »Nach mehr als zwei Monaten Dauerlauf quer durch Europa haben am Samstag 22 Extremsportler ihr Ziel Moskau erreicht. [...] Der längste Wettlauf der Welt war Mitte April in Portugal gestartet und führte die Sportler durch Spanien, Frankreich, Belgien, Deutschland, Polen, Weißrußland und Rußland bis nach Moskau.« Einzigartigkeit läßt sich somit nicht nur durch Beschleunigungen in Szene setzen, sondern auch durch eine extreme Verlängerung der Handlungsdauer.

Individualität läßt sich im Extremsport weiterhin in der *Sozialdimension* erarbeiten. Menschen brechen Rekorde, stellen neue Höchstmarken auf, um sich so von ihren Zeitgenossen in der einen oder anderen Weise abzusetzen und zu distinguieren. Erste Plätze oder einzigartige Taten singularisieren dabei mehr als Zweit- oder Drittplazierungen. Die Erfolgreichen sind die Parasiten der weniger Erfolgreichen. Die Geschichte des modernen Abenteuer- und Extremsports ist deshalb nicht nur eine Geschichte der Gewinner, sondern immer auch eine Geschichte der Verlierer und Zuspätgekommenen, die antraten, es aber im entscheidenden Augenblick nicht schafften. Im Spitzenbereich des Abenteuer- und Risikosports geht es auf der Sozialdimension um Konkurrenzen und Pioniergewinne der besonderen Art: die Erstbesteigung und -begehung hoher Berge, das Finden neuer Routen, das erstmalige Durchschwimmen gefährlicher Meeresengen, das Durchsegeln großer Ozeane, die Erstumrundung der Erde in einem Ballon oder das Durchstreifen lebensfeindlicher Räume, die sich dem menschlichen Zugriff bislang entziehen konnten. Wenn all diese

Eroberungszüge und Raumdeflorationen bereits erfolgreich vollzogen wurden und der Neuheitsbonus nicht mehr zur Verfügung steht, können sich Menschen anhand beliebig anderer Differenzen im Extremsport individualisieren: als der erste Mann, die erste Frau, der erste Amerikaner oder die erste Deutsche, die eine riskante Tat mit oder ohne Technikeinsatz vollbringen konnte.

Als die Bergsteigersaison am Mount Everest im Jahre 2002 wegen der bevorstehenden Monsunregen beendet wurde, bilanzierte die Frankfurter Allgemeine Zeitung (vom 29.5., Nr. 122) unter dem Titel »Längst nicht mehr einsame Spitze« nicht nur die bis dahin gültige Todesstatistik (173), sondern listete auch die diversen Rekordversuche der Saison auf. »Lászlo Várkonyi und Zsolt Eross standen am 25. Mai als erste Ungarn auf dem Mount Everest. Ungarn ist damit die 62. Nation, deren Bergsteiger den Gipfel erreichten. Der Koreaner Park Mu-Taek vollendete die Besteigung der drei höchsten Berge, des Everest, des K2 und des Kangchendzönga, in weniger als zwei Jahren – so schnell wie keiner vor ihm. Ellen Miller, eine 43 Jahre alte Amerikanerin aus North Carolina, bestieg den Mount Everest am 16. Mai über die Südseite und wurde damit die erste Amerikanerin, die den Gipfel von Norden und von Süden erreicht hat. Am gleichen Tag schaffte es der Japaner Atsushi Yamada zum Gipfel. Mit 23 Jahren und neun Tagen ist er der Jüngste, der die sogenannten Seven Summits, die höchsten Gipfel auf allen Erdteilen, erreicht hat.«

Risiko- und Abenteuersportler koppeln durch ihre Rekordorientierung an eine Möglichkeit an, die bereits der organisierte Wettkampfsport mit seinem Individualisierungsversprechen zur Verfügung stellt. Dessen Angebot lautet: Selbstprofilierung im Medium komparativer Leistungsvergleiche vor den Augen eines zuschauenden Publikums. Ein Sprinter läuft die 100 Meter in 9,8 Sekunden und kann sich anschließend gegenüber den langsameren Zeitgenossen als individuellere Besonderheit fühlen. Ein Hochspringer bewältigt eine bestimmte Höhe und setzt sich so von seinen Mitkonkurrenten ab. Ein Kugelstoßer wuchtet die Kugel über 20 Meter und ist damit gegenüber den anderen im Vorteil. Ein Ringer schultert seinen Opponenten und erringt dadurch den Sieg. Die Belohnungs- und Huldigungsrituale des Wettkampfsports bestätigen die Einschätzung von der Individualisierbarkeit des einzelnen durch Leistung. Die Rangdifferenzen finden anschließend in der unterschiedlichen Wertigkeit von Medaillen und Edelmetallen ihren Niederschlag. Und Sieger stehen oben auf dem Podest, und nicht unten. Damit hebt das Sportsystem den einzelnen oder die siegreiche Gruppe aus der Masse der Angetretenen heraus, macht individuelle Leistung öffentlich und unterstreicht so die symbolische Ordnung eines in extremer Weise meritokratisch ausgerichteten Systems.

Einzigartigkeit ist im Risikosport in der *Sachdimension* herstellbar, wenn Menschen Dinge tun, die andere noch nicht getan haben. So kann ein Extremkletterer auf die Unterstützung anderer Bergsteiger verzichten, also »solo« gehen, oder etablierte Techniken bei der Bewältigung einer Abenteueraufgabe nicht zur Anwendung bringen. Nachdem Bergsteiger den Mount Everest zunächst mit Hilfe von Sauerstoffflaschen erobert hatten und der Erstbesteigungsnimbus aus diesem Grunde nicht mehr zu erreichen war, boten der Verzicht auf Sauerstofflaschen und die beschränkte Nutzung von Einschlagehaken die Möglichkeit, sich bei der Eroberung der Vertikale in einer kritischen Pose (»by fair means«) gegenüber denjenigen zu profilieren, die hierauf in extremer Höhe zurückgegriffen hatten.[30] Der Protagonist der »fairen« Behandlung der Berge, Reinhold Messner (1991: 78), begründete sein Handeln wie folgt: »Es gab damals zwei Richtungen im extremen Bergsteigen. Das technokratische und das freie Klettern. Die einen setzten alle nur erdenklichen Hilfsmittel ein, um ihr Ziel zu erreichen. Die anderen – zu denen auch ich mich zählte – legten sich selbst Beschränkungen auf, um das Verhältnis Mensch-Berg nicht in ein gar zu arges Mißverhältnis zu bringen. [...] Ich selbst war bei Wiederholungen immer bestrebt, weniger Haken zu schlagen, als es die Erstbesteiger getan hatten. Eine neue Route war für mich nur dann gerechtfertigt, wenn es mir gelang, eine Linie in einer Wand zu finden, die mit geringem Hakenaufwand möglich war.« Zum eigenen distinktionsorientierten Kletterstil heißt es an einer anderen Stelle (ebd.: 86f): »Die Möglichkeiten, Erstbegehungen zu finden, waren in den Alpen spärlich geworden. Ziemlich alle großen Wände waren durchstiegen, viele sogar auf mehreren Routen. Die technischen Hilfsmittel waren schuld daran, sie hatten alles möglich gemacht. Ich hatte mir deshalb Beschränkungen auferlegt, verzichtete mit Absicht auf Bohrhaken und Aufzugssysteme bei großen Neutouren in den Alpen. Dementsprechend schwierig war es, eine frei kletterbare Route in einer Wand vom Tal auszumachen. Lieber machte ich Kompromisse in der Linienführung als im Stil.« Und nachdem die höchsten Berge dieser Erde sowohl ohne die übersteigerte Nutzung von Bohrhaken als auch ohne Sauerstoff mehrfach bestiegen worden sind, können heute nur noch andere Bewältigungspraktiken individuelle Singularität ermöglichen. Bergsteiger werden dann nach einem erfolgreichen Aufstieg zu Snowboardern oder Drachenfliegern, die sich von den Gipfeln in die Tiefe stürzen, um als Besonderheiten in die Annalen des Extremsports einzugehen.

Auch die *Raumdimension* eignet sich, um individuelle Singularität zu demonstrieren (vgl. Kapitel 7). Man geht, fährt, schwimmt, rudert oder fliegt dorthin, wo die anderen noch nicht waren. Eine Segelregatta findet dann nicht im heimischen Revier statt, sondern nimmt alle sieben Weltmeere nacheinander in Anspruch und sichert damit den Teilnehmern und deren Sponsoren im wahrsten Sinne des Wortes eine globale Aufmerksamkeit. Menschen können auch jene Orte und Höhen aufsuchen, die die Majorität der anderen als gefährlich definiert und in Angst, Schrecken und Panik versetzt. Die Praktiken des Extrem- und Risikosports lesen sich dann wie das Einmaleins in der Bewältigung des modernen Angst- und Phobiespektrums: Höhlen- und Apnoetaucher kontern die Klaustrophobie, die Angst vor einem unentrinnbaren Eingeschlossensein; Extremskifahrer widerstehen der Angst vor Kontrollverlust und Verletzungen durch eine abrupte Entschleunigung; Extremkletterer widersetzen sich der Angst vor Höhe, Schwindel und Absturz; Einhandsegler bewältigen die Angst vor Einsamkeit und existentieller Verlorenheit. Wer das legitime Vermeiden dieser Räume vermeiden möchte, sich in den Zonen der Angst, des Schwindels und des potentiellen Kontrollverlustes freiwillig aufhält und sich dort souverän bewegt, erzählt sich selbst und anderen eine nonverbale Geschichte über die eigene Verwegenheit und Einzigartigkeit. Sich dem Horror dieser Räume nicht hinzugeben, sich ihm vielmehr zu widersetzen und die Höhen und Tiefen zu bewältigen, beweist einen bemerkenswerten Willen zur Distinktion. Außerdem stellt derjenige, der sich dem Schwindel der Höhe oder der Tiefe widersetzt, unter Beweis, daß er auch dann ein autonomes Subjekt zu bleiben oder zu werden beabsichtigt, wenn sein Handeln jenseits der alltäglichen Raum-Zeit-Koordinaten stattfindet.

Die Suche nach Einzigartigkeit in zeitlicher, sachlicher, räumlicher und sozialer Hinsicht kann zu Mischungen führen, in denen das eine mit dem anderen zusammengebracht wird, um das Ganze durch Versportlichung und Rekordorientierung weiter zu verschärfen. All dies deutet in einem interessanten Umkehrschluß auf die Schwierigkeit hin, sich in der modernen Gesellschaft als Individuum darstellen zu können. Wie hartnäckig die eigenen Pioniergewinne dann auch gegenüber den Mitbewerbern auf dem öffentlichen Aufmerksamkeitsmarkt verteidigt werden, zeigte kürzlich Reinhold Messner in einem Fernsehinterview in bezug auf den Stellenwert der eigenen Person in der Reputationshierarchie eines imaginierten kollektiven Gedächtnisses: »Ich bin überzeugt davon, daß in den letzten dreißig Jahren die wesentlichen Aussagen zum Bergsteigen aus *meinem* Kopf und aus *meiner* Feder geflossen sind. Und das wird auch die Geschichte *mir* recht geben, wenn am Ende abgerechnet wird in hundert oder zweihundert Jahren. Und ich habe nicht das geschenkt gekriegt, sondern ich habe sehr viel gearbeitet. Und heute habe ich einen Vorsprung. Heute gibt es niemanden auf der Welt, der mit mir auf die Bühne gehen kann, um über geschichtliche Themen, moralische Themen, über geographische Themen, was Bergsteigen betreffend [sic!], zu reden. Das gibt es nicht.«[31] Die Nachwelt erhält in dieser Aussage den Status einer Instanz, die späte Anerkennung und ausgleichende Gerechtigkeit gewähren soll. Damit greift der Abenteuerheld in seinem Selbstermächtigungsbegehren auf die Idee der Unsterblichkeit und des verkannten Genies zurück. Zukünftige Generationen würden – so die Vermutung – in Ruhmeswährung das vergelten, was die gegenwärtige Generation nicht angemessen zu würdigen vermag, weil sie noch in den Zwängen und Sichtweisen der Tradition gefangen ist.[32]

Wo viele antreten, besondere Leistungen zu erbringen, um sich von anderen abzusetzen, werden Menschen geradezu genötigt, jene Bereiche aufzusuchen, die andere Leistungsindividualisten noch nicht besetzt haben und in denen sich Rekorde noch erzielen lassen.[33] Eine bestimmte Handlungsform ein für allemal im Rahmen einer Wesensdefinition als Abenteuer zu bezeichnen, macht wenig Sinn, da sich die soziale Bewertung des Handelns verändert, wenn singuläre Aktionen zu einem Kollektivgut geworden sind. Um Originalität vorzuführen, reicht es heute nicht mehr aus, lediglich mit einem Fallschirm aus einem Flugzeug abzuspringen, um sich anschließend als Extremsportler und Abenteurer zu fühlen und feiern zu lassen. Dadurch, daß inzwischen Fallschirmspringervereine existieren und Profis Absprünge gegen Entgelt für Laien anbieten, ist es zu einer Banalisierung gekommen. Wer heute als Abenteurer reüssieren und ein »Overcrowding« vermeiden möchte, wirft seinen Fallschirm demonstrativ voraus, um anschließend ohne Seil und doppelten Boden seinem Gerät hinterher zu springen. Oder er muß in einer weniger dramatischen Aktion andere sportliche Artefakte aus ihrem Ursprungskontext herauslösen und kreativ umfunktionieren, beispielsweise ein Surfbrett mitnehmen, um auf diesem während des freien Falls durch die Luft zu gleiten. Aber auch diese Praktiken haben inzwischen viele Nachahmer gefunden, sind Teil des Werbeuniversums geworden und reichen für Inszenierungen der Einzigartigkeit nicht mehr aus. Ebenso lassen sich die Risikopraktiken früherer Generationen nutzen, um alte Abenteuergeschichten neu zu erzählen. Auf den Spuren der altvorderen Entdecker werden dann noch einmal Eisflächen, Wüsten oder Meere durchquert, um ein Erleben zu reinszenieren, dabei sich selbst zu präsentieren und komparativ zu messen. Alte Tagebücher und Expeditionsberichte dienen dann als Folien, um abgelagerte Erlebnisse zu revitalisieren und mit Eigenerfahrungen zu vergleichen.

Gegenüber all jenen Formen der veralltäglichten und gezähmten Kurzzeitabenteuer, die Menschen auf Jahrmärkten in Gestalt von Achterbahnen und Bungeeplattformen zu erleben trachten, hat der moderne Risikosport ein prinzipiell offenes Ende. Es kann auch schiefgehen, wie die zahlreichen Todesfälle immer wieder beweisen. So konfrontieren sich die Extremen ohne Zwang mit unkalkulierbaren Gefahren, aus denen es oftmals kein heiles Entrinnen mehr gibt. Und sie lassen sich freiwillig auf Risiken ein, die andere zu übernehmen nicht fähig oder bereit sind. Das Wagnis ist im Abenteuer- und Extremsport ungleich höher zu veranschlagen als in den traditionellen Wettkampfsportarten. Dennoch finden viele extremsportliche Praktiken immer öfter auch in standardisierten Situationen statt, in denen einzelne Personen oder Mannschaften nach bestimmten Regeln und unter Aufsicht intervenierender Dritter, der Kampfrichter, gegeneinander antreten, um ein knappes Gut, den sportlichen Sieg, zu erringen. Exotische Räume werden laufend, gehend, kletternd oder fahrend durchquert, meist in eklatanter Übersteigerung jener Praktiken, die im traditionellen Wettkampfsport zu beobachten sind.

Warum aber fällt – so ist zu fragen – der spektakuläre und riskante Abfahrtslauf eines Skirennläufers oder der Stabhochsprung eines Leichtathleten nicht in die Kategorie des Extremsports? Warum werden Boxer, die ihre Gesundheit und ihr Leben aufs Spiel setzen, typischerweise nicht als Abenteuer- und Extremsportler bezeichnet? Die Antwort lautet: Dem »alltäglichen« Spitzensport fehlt das Ungezügelte, Unstandardisierte, Ungeregelte, Riskante sowie die nicht kalkulierbare Auseinandersetzung mit der Kontingenz von Natur. Wer Leistungen »gerecht« und fair messen möchte, hat nicht nur die formale Gleichheit der Akteure sicherzustellen, sondern auch stabile Kontextbedingungen zu arrangieren, positivierte Regeln zu formulieren und Kontingenz zu reduzieren. Scheitern wird im Spitzensport lediglich als eine Niederlage im Wettkampf akzeptiert, aber nicht als ein finales Scheitern der Person in ihrer physischen Existenz. Dort, wo der Extremsport olympisch zu werden trachtet, verliert er an Riskanz und Unkalkulierbarkeit und hört auf, extrem zu sein.

Das mögliche finale Scheitern ist ein wichtiges Element in der Programmatik des zeitgenössischen Abenteuer- und Extremsports. Im Höhenbergsteigen, Big-Wave-Surfing, Canyoning oder im Extremskifahren riskiert man gravierende Verletzungen, gar das eigene Leben, und kann sich durch Training diesem Risiko letztlich auch nicht entziehen. Im traditionellen Spitzensport können Menschen zwar auch sterben, aber dort wird der Tod als unerwünschter Unfall, als Katastrophe, wahrgenommen, die es durch entsprechende organisatorische Vorkehrungen unbedingt zu vermeiden gilt – man denke nur an die umfangreichen Maßnahmen, die im Rennsport durchgesetzt wurden, um die Unfallquote und Todesrate bei den Fahrern der Formel 1 zu senken. Sportliche Wettkämpfe zelebrieren das Leben. Sie gehen bewußt auf Distanz zur alltäglichen Lebenswirklichkeit, in der die Massenmedien tagtäglich über Krankheit und Tod in den Konfliktzonen dieser Welt berichten. Das »Sportfest« ist ein Hochamt der Diesseitigkeit und der Lebenslust, in der das Todesthema deplaziert wirkt.

Der Tod eines Extremsportlers fällt hingegen – bei allen Vorkehrungen, die getroffen werden, um ihn zu verhindern – innerhalb der sozialen Wahrnehmung in die Kategorie der Autonomie und freiwilligen Selbstverschuldung. Wer sich bewußt in Gefahr begibt und darin umkommt, wußte vorher, worauf er sich einließ.

Den Willen zur Selbstgefährdung visualisieren Risikosportler durch demonstrative Askesebereitschaft und Schmerztoleranz. Auch dies ist ein Aspekt ihres Distinktionsmanagements. In ihrer innerweltlichen Askese geht es nicht um Gottesnähe, sondern um einen Verzicht, der auf Selbstformung (vgl. Schmid 1999: 325ff), alternative Erfahrung, Abgrenzung und Macht abzielt. Askesepraktiken erscheinen zunächst als Handlungsformen, in denen potentiell vorhandene, auf Entlastung abzielende Verhaltensmöglichkeiten freiwillig und bewußt für das eigene Selbstermächtigungshandeln nicht zur Anwendung kommen.[34] Das Motto heißt dann: »Weniger ist mehr«. In der Askese, der Kunst des Sich-Übens, geht es allerdings, wie Christoph Türcke (2000: 36) mit Blick auf religiöse Askesevirtuosen bemerkte, nur »vordergründig um Verzicht, hintergründig um Macht und Naturbeherrschung«. Triebe und Begierden werden dem eigenen Willen nicht nur deshalb unterworfen, um sich selbst zu disziplinieren, sondern auch um andere durch gezeigte Selbstdisziplinierung zu beeindrucken. In einer Gesellschaft, in der viele Menschen an dem Überangebot der Warenwelt teilhaben können und konsumatorische Lebensstile weit verbreitet sind, wird Askese zu einer scharfen Waffe im Reich der sozialen Distinktion. Askese markiert eine Differenz zwischen denen, die Bestimmtes zwar potentiell können, aber nicht wollen, und denen, die ihr potentielles Können auch zu nutzen beabsichtigen. Extremsportler erscheinen in diesem Lichte als Übererfüller sozialer Verzichtserwartungen. Ihre Askese hat insbesondere dann, wenn sie mit Hilfe der Medien in der Öffentlichkeit zelebriert wird, theatralische und performative Qualitäten. Dies zeigt sich auch im Umgang mit den physischen Konsequenzen riskanten Handelns.

Der verletzte Körper – etwa in Gestalt abgefrorener Finger und amputierter Zehen – verleiht dem Abenteurer eine Aura des Authentischen, Ehrlichen und Hingebungsbereiten. In einer Gesellschaft, in der ansonsten viele Menschen mit Hilfe der Schönheitsindustrie eine glatte, straffe und unverletzte Haut, also ein makelloses Äußeres, anstreben, kommt Verletzungen und Blessuren als den sichtbaren Folgen der Risikoübernahme ein hoher Distinktionswert zu.[35] Und wenn bereits leichte Schmerzen zu einem Arztbesuch führen, kann derjenige, der Schmerzen infolge von Verletzungen und Abenteuerschäden standhaft erträgt, ja sogar die Situationen, in denen sie verursacht wurden, freiwillig aufsuchte, als etwas Besonderes erscheinen. Wenn das Abenteuer sich gewissermaßen in die Haut und in das Körpergebäude eintätowiert hat, werden die Träger dieser Zeichen hierfür entsprechend bestaunt und verehrt. Körperliche Versehrtheit als Resultat eingegangener Risiken wird nicht wehleidig wahrgenommen, sondern als Preis akzeptiert, der für ein bestimmtes riskantes Projekt zu erbringen war. Im Extremsport kommt der medizinisch verdrängte Schmerz durch die Hintertür in den Aufmerksamkeitshorizont der Akteure zurück: als legitime und akzeptierte Antwort des Körpers in Situationen, in denen die Natur »stärker« war als das Subjekt mit seinen begrenzten Möglichkeiten. In schlagender Weise zeigen diese Körperspuren, daß der einzelne bereit und willens war, für sein Selbstermächtigungsprogramm ein entsprechendes Opfer zu erbringen, was dann auch entsprechend nach außen kommuniziert wird: Nachdem der Schweizer Extrembergsteiger Norbert Joos im Jahre 1985 den zweithöchsten Berg der Erde, den berühmt-berüchtigten K2 (8.611 m) im Himalaya bestiegen und sich gravierende Erfrierungen an den Füßen zugezogen hatte und den letzten Abstieg nur rutschend auf dem Hinterteil bewältigen konnte, kommentierte er dieses Geschehen später: »Als ich im Spital lag, kam ein Telefon von Reinhold Messner. Er gratulierte mir und tröstete mich: ›Für den K2 kannst du ruhig ein paar Zehen liegen lassen‹.«[36]

Nicht wenige Abenteuersportler haben einen Märtyrerstatus erreichen können, weil sie ihr Leben einer Sache widmeten und bereit waren, sich dem Außeralltäglichen vollends hinzugeben. Man denke nur an die vielen Extremen, denen im kollektiven Gedächtnis ein entsprechender Platz reserviert wurde, weil sie nicht zurückkamen und als verschollen gelten. Findet man dann irgendwann einmal ihre Überreste, wie es 1999 beim englischen Bergsteiger Mallory auf dem Mount Everest der Fall war, ist dies ein Anlaß, Heldengeschichten zu erzählen und alte Anekdoten zu rekapitulieren. Die neuen Abenteurer äußern sich dann über ihre Vorgänger und evaluieren deren Handeln.

Damit wird ein wichtiger Zusammenhang deutlich: Die Anwesenheit von Krankheit, Tod und Entbehrung dramatisiert das Abenteuer- und Risikogeschehen in besonderer Weise und verschafft denjenigen, die sich dem Tod als der größten narzißtischen Kränkung des modernen Subjekts bewußt nähern, eine Aura der Besonderheit und Verwegenheit. Der Tod zerstört nämlich eine der kulturellen Errungenschaften der Moderne, die Leitidee von der Autonomie des Individuums. Er verdeutlicht, daß der Herrschaft des Subjekts über sich selbst unüberwindbare Grenzen gesetzt sind. Die Endlichkeit des Menschen repräsentiert zudem eine Schwelle, die sich dem Fortschritts- und Machbarkeitsdenken der Moderne brachial verweigert. Die Gewißheit, sterben zu müssen, demonstriert die Eigengesetzlichkeit und operative Geschlossenheit auf der Ebene des Lebens. Schließlich sind der Tod und die Transformation in das Nicht-Sein bei allen medizinischen Bemühungen der Lebenszeitverlängerung gesellschaftlich noch nicht aus der Welt geschafft worden. Gerade weil viele Menschen den eigenen Tod verdrängen und vergessen machen wollen und vor dieser finalen Grenze davonlaufen, kann derjenige, der freiwillig gefährliche und potentiell todbringende Situationen aufsucht, sich in einer besonders markanten Weise sozial profilieren. Die Thematisierung des Todes liegt in der modernen Gesellschaft ansonsten in der Hand von Spezialisten, nämlich von Ärzten, Polizisten, Pathologen und Juristen. Menschen, die sich diesem Monopol verweigern und darüber entscheiden, sich dem Tod freiwillig und ohne Not zu nähern, verlagern das Entscheiden über die Endlichkeit in die eigenen Hände zurück. Das eigene Leben bewußt aufs Spiel zu setzen, erlaubt die Akquisition symbolischen Kapitals im Rahmen einer Performanz der Coolness, Robustheit und Eigenständigkeit. In Todesnähe begangene Rekordtaten sind gleichsam Versuche, die Endgültigkeit des eigenen Todes zu bannen und sich subtil unsterblich zu machen. Sie müssen nur kommunikativ gespeichert und erinnert werden.

Wie stark das Bestreben nach Einzigartigkeit, Heldentum und Unsterblichkeit das Risikohandeln antreibt, brachte der österreichische Extremsportler Felix Baumgärtner unlängst in einem Film von Victor Grandits (»Der Ikarus Kick«, ZDF 2003) – in Kommentierung seines Absprungs aus 9.000m Höhe zur erstmaligen Überquerung des 34 Kilometer breiten Ärmelkanals mit kurzen Flügeln auf dem

Rücken – unumwunden zum Ausdruck: »Es ist mir persönlich wichtig, irgendwo der Welt etwas zu hinterlassen. Ich bin ein irrsinniger Fan von diesen ganzen Legenden, die es gibt, wie ein James Dean, eine Marilyn Monroe. Es gibt überall – im Sport, in der Musikbranche, in der Filmbranche – irgendwelche Menschen, die unsterblich sind. Dies ist ein bißchen der Weg oder das Ziel, das ich habe. Das heißt: Ich will mit meinen ganzen Aktionen 'was machen, über das die Leute noch in hundert Jahren sprechen. Dann glaube ich, hast du diese Unsterblichkeit. Und dies ist für mich persönlich wichtig, und das ist auch ein persönliches Ziel von mir.«

Indem Extremsportler ihr Leben riskieren, begeben sie sich außerdem in einen Ehrlichkeits- und Ernsthaftigkeitsdiskurs hinein. Denn was unterstreicht die Aufrichtigkeit des eigenen Begehrens mehr als die Bereitschaft, für ein an und für sich überflüssiges Abenteuer zu sterben oder sich im Risikovollzug nachhaltig zu verletzen. Der Tod der anderen dient dabei als Garant, der das Risikohandeln adelt und die eigene Leistungsfähigkeit und Authentizität herausstellt, was in den einschlägigen Veröffentlichungen dann auch entsprechend zum Ausdruck kommt. Über den Annapurna, einen der gefährlichsten Berge der Welt, heißt es in einem Schweizer Regionalmagazin: »Auf zwei Bergsteiger, die den Gipfel erreichen, kommt ein toter Alpinist.«[37] Wer angesichts dieser Relation dennoch die Besteigung wagt, sagt in einem Subtext, daß er es mit seiner Identitäts- und Abgrenzungsarbeit sehr ernst meint.

Das Distinktionsmanagement im Extremsport funktioniert noch in einer weiteren Hinsicht: Im Abenteuer und Risiko verweigern sich individuelle Akteure demonstrativ der üblichen »Bio-Politik« der Gesellschaft.[38] Indem sie sich selbst gefährden, gehen sie auf Distanz zu jenen Erwartungen, mit denen der traditionelle Sport, aber auch Erziehungsinstitutionen, das Krankheitssystem und die Fitneßindustrie auf eine subtile Weise die Daseins- und Gesundheitsvorsorge der Gesellschaftsmitglieder zu kontrollieren und zu überwachen versuchen. Wie sehr das Leben im Sport gefeiert wird, zeigt sich im fitneßorientierten Breitensport. Hier geht es ausdrücklich um Gesundheit, Krankheitsvermeidung und Lebensverlängerung, und nicht um den Tod, der höchstens als Drohkulisse das Handeln anregt. Gesundheit ist in der modernen Gesellschaft ein »unumstrittener Höchstwert; ja wohl der einzige Höchstwert, der außerhalb aller ideologischen Kontroversen steht« (Luhmann 1983: 42). Diesem »Höchstwert« schleudern Risikosportler ein trotziges »Nein« oder »Egal« entgegen. Wer gesund bleiben will, geht keine lebensgefährlichen Risiken ein. Extremsportler wollen es sich nicht »gutgehen lassen« und ihre Körper mit Wellness-Angeboten entspannen. Sie gefährden ihre Gesundheit vielmehr bewußt, denn so können sie auf Distanz zum Üblichen gehen und sich selbst Signale der Besonderheit geben. Für die Extremen fängt die Sinngebung dort an, wo die Gesundheits- und Wohlfahrtsorientierung aufhört.

Sich über Wochen zu akklimatisieren, in eisiger Kälte zu biwackieren, karge Mahlzeiten zu sich zu nehmen, extreme Sauerstoffarmut zu tolerieren oder monatelang einsam in einem Boot über die Meere zu segeln, zeigt einen Lebensstil, der in einer Überfluß-, Wohlfahrts- und Risikovermeidungsgesellschaft erhebliche Distinktionsqualitäten aufweist. Hierzu Reinhold Messer (1991: 35): »Heute noch kann ich auf jeden Berg klettern, wochenlang marschieren und im Notfall einen Mann mit der bloßen Faust erschlagen. Ich bin Bauer geworden und ernähre mich selbst. Für eines aber fehlt mir heute wie damals die Ausdauer: mich ein für allemal der Obhut unseres Sozialstaates anzuvertrauen.«

Folgendes Zwischenfazit läßt sich ziehen: Risikoübernahme, ostentative Selbstgefährdung, Askesebereitschaft, Schmerztoleranz und Todesnähe erzeugen nicht nur Lebendigkeitsgefühle oder dienen der Selbstermächtigung des Subjekts. Sie haben auch Distinktions- und Selbstdarstellungsfunktionen. Das Bemühen, sich von anderen zu unterscheiden und dies performativ darzustellen, wird zu einem zentralen Bestandteil biographischer Selbststeuerung. In einer Gesellschaft ohne Zentrum und Spitze, in der Menschen sich nicht mehr durch den Anschluß an eine kollektive Identität individualisieren können, läuft die Selbstidentifikation der Individuen im Extremsport über eine Inflationierung der Ansprüche gegenüber sich selbst und eine demonstrative Abgrenzung nach außen.

Die typische Art, Distinktionsgewinne im Extremsport durchzusetzen, ist der heroische Leistungsindividualismus. Menschen erbringen außerordentliche Leistungen, die andere zu erbringen nicht in der Lage sind. Mit ihm wenden sich die Risikoakteure gegen den in der zeitgenössischen Gesellschaft weitverbreiteten »Anspruchsindividualismus« (Luhmann 1981b, 1983: 35), der die Selbstfindung eher im Rahmen einer voraussetzungslosen und risikoarmen Inflationierung der Ansprüche gegenüber gesellschaftlichen Teilsystemen und deren Leistungen (Krankheitssystem, Wohlfahrtsstaat) vorsieht – und nicht gegenüber sich selbst. Die Extremisierung des Handelns, die dem bislang Bekannten immer wieder eine weitere Steigerung aufzusetzen trachtet, und die voraussetzungsvolle und konsequenzenträchtige Übernahme des Risikos stellen vor diesem Hintergrund Strategien der Identitätsbehauptung und Individualisierung dar, die sich in besonderer Weise für eine Demonstration individueller Unterschiede eignen.[39] Riskantes Handeln bietet die Möglichkeit, Ansprüche an sich selbst in einer beobachtbaren und sozial nachvollziehbaren Weise zu stellen und immer wieder neu zu definieren und zu überprüfen. Die Steigerung des Risikos läßt sich dann quantifizieren und an der Differenz von Erfüllung und Enttäuschung bearbeiten.

Dies macht noch in einer weiteren Hinsicht Sinn: Die Arbeitsgesellschaft war und ist – bei allem Anspruchsindividualismus gegenüber gesellschaftlichen Teilsystemen – eine Leistungsgesellschaft. Positionen werden in der Regel nicht nach Geburt, Schönheit, Herkunft oder Religionszugehörigkeit vergeben, sondern eben nach Leistung. In der heutigen entfesselten Marktgesellschaft kommen allerdings Erfolge häufig auch ohne Leistung zustande, wie Sighard Neckel (2001) zeigen konnte. Der leistungs- und risikoorientierte Sport macht hier eine wichtige Ausnahme. Eben weil sportliche Leistungen sich nicht wie Kapitalanlagen vermehren lassen und vergleichbare Spekulationsgewinne abwerfen, sondern nur durch jahrelanges Training und sozialen Verzicht zu erreichen sind, wird dieses Handlungsfeld bevorzugt von Menschen aufgesucht, die sich in einer marktorientierten Gesellschaft von jenen absetzen wollen, die Erfolge ohne sichtbare Leistungen zu erzielen trachten.

Abenteuer- und Extremsportler etablieren sich so als Sonderform einer sozialen Elite, in der nicht Geld, Amtsmacht, Buchwissen, Schönheit oder Alter zählen, sondern ausschließlich die Fähigkeit honoriert wird, sich in seiner Gesamtexistenz aufs Spiel zu setzen und den Widrigkeiten der nicht-kommunikativen Welt zu widerstehen oder deren Möglichkeiten virtuos zu nutzen. Extremsportler wollen keinen zugeschriebenen Status erwerben, sondern Reputation über hochstehende Eigenleistung und außeralltägliche Risikobereitschaft erlangen. In einem Abenteuersetting ist der Mindermächtige derjenige, der nicht bereit oder in der Lage ist, sich auf Risiken einzulassen und sich in den Gefährdungssituationen zu behaupten.

Der Extremsport ist damit insgesamt ein integraler Bestandteil jener »Ökonomie der Aufmerksamkeit« (Franck 1998), mit der moderne Sinnsucher auf sich selbst hinweisen und sich von anderen abzusetzen trachten. Die Beschreibung der eigenen Biographie beruht nicht auf dem Erfüllen eines religiös motivierten Tugendkatalogs, der Absolvierung eines bildungsbürgerlichen Karriereplans oder dem Ausleben eines »Anspruchsindividualismus«. Das Fundament für eine »gelungene« Lebensbeschreibung erarbeitet sich der Extremsportler selbst, indem er riskante Taten vollbringt, die sich in individualisierenden Ruhmes- und Heldengeschichten erzählen lassen. Die Distinktion erfolgt dabei nicht nur gegenüber den Nichtsportlern und den Empfängern wohlfahrtsstaatlicher Leistungen, sondern auch gegenüber den »normalen« Wettkampfathleten, die in Hallen und Stadien dem leistungsindividualisierenden Angebot des traditionellen Sports zu entsprechen versuchen, aber dort nicht jene Risiken und Ungewißheiten eingehen, die für den Extrem- und Abenteuersport typisch sind. Die Heraufkunft und weltweite Implementierung des modernen Olympismus seit 1896 hat durch dessen Präferenz für geregelte Wettkämpfe, ausdifferenzierte Sonderräume und Sonderzeiten mit dazu beigetragen, daß sich der moderne Abenteuer- und Risikosport mit seiner Naturorientierung und seinem Risiko- und Freiheitsversprechen distinktiv entwickeln konnte.

Der Extremsport ist ein Handlungsfeld, in dem sich Menschen in Abgrenzung zu anderen in einer dezisionistischen Weise auf ein leistungsindividualistisches und kontingenzorientiertes Selbstbild festlegen können. Im Risiko läßt sich die eigene Verunsicherung darüber bearbeiten, wer man eigentlich ist. Daß der Abenteuersport mit der Heraufkunft der modernen Massenmedien co-evoluiert, ist kein Zufall, denn die Frage nach dem »wahren« Ich erhält durch die Anwesenheit und Funktionsweise der Massenmedien eine besondere Bedeutung (Luhmann 1997c: 17). Alle Informationen werden nämlich seit Erfindung der Druckpresse kontextualisiert und offerieren einen

Blick auf jeweils andere Möglichkeiten. Daß Identitäten in einer Welt changierender Beobachtungsmöglichkeiten labil werden, nicht mehr in sich selbst ruhen, sondern vielmehr ruhelos – wie Affen im Käfig – in ihren Rahmungen hin- und herspringen, kann angesichts dessen nicht verwundern. Funktional differenzierte Gesellschaften setzen Menschen frei, Beobachtungen zweiter Ordnung auf Dauer zu stellen. Ein Individuum im modernen Sinne ist, wie Niklas Luhmann (1992: 22) formulierte, derjenige, der »sein eigenes Beobachten beobachten kann«. Versuche, sich selbst angemessen einzuschätzen und zu beschreiben, werden in funktional differenzierten Gesellschaften verunsichert, zumal Grenzen in Sicht kommen, die das moderne Individuum nicht überspringen kann. Der einzelne bekommt sich schließlich immer nur in Ausschnitten zu sehen, weil er in sich selbst notwendigerweise zwischen einem Teil zu unterscheiden hat, der sieht, und einem Teil, der gesehen wird. So stößt der Beobachter auf das Problem, daß jedwede Selbstbeobachtung noch nicht einmal die Voraussetzungen und Grenzen der eigenen Beobachtung erfassen kann.

Menschen müssen in der Moderne lernen, daß ihre Einschätzungen über sich selbst und über die Welt, in der sie leben, beobachtungsrelativ sind – und daß eine Position für eine höherwertige und »wahre« Beobachtungsposition nicht in Sicht ist. Eine Theorie wie die Psychoanalyse hat diese Verunsicherung gesteigert, weil sie – bei aller Skepsis gegenüber der biographischen Rückwärtsorientierung dieses Ansatzes – gezeigt hat, daß der Mensch noch nicht einmal »Herr im eigenen Hause« ist und einer Selbstbeobachtung bestimmte Aspekte des eigenen Lebensweges entzogen sind. Die Mitglieder der modernen Gesellschaft werden insgesamt damit konfrontiert, daß die vielen Deutungsofferten, an denen sie teilhaben können, nicht zu einer neuen Stabilität und Übersichtlichkeit führen, sondern ganz im Gegenteil eine neue Verunsicherung darüber entstehen lassen, an welch einer Gesellschaft der einzelne überhaupt teil hat und wer man eigentlich ist.

Selbst die Soziologen als Spezialisten für die Beobachtung von Gesellschaft kommen zu kontroversen Einschätzungen. Amitai Etzioni (1968) diagnostizierte die »aktive Gesellschaft«, Daniel Bell (1973) sah die Heraufkunft einer »postindustriellen Gesellschaft« als gegeben an, Ulrich Beck (1986) sprach von einer »Risikogesellschaft«,

Gerhard Schulze (1992) von einer »Erlebnisgesellschaft«, Peter Gross (1994) von einer »Multioptionsgesellschaft« und Helmut Willke (1998) von einer »Wissensgesellschaft«. Und diese Aufzählung ist noch keineswegs vollständig. Der mit Hilfe der Soziologie betriebene Prozeß der gesellschaftlichen Selbstbeobachtung läuft weiter und wird auch zukünftig immer wieder neue Ergebnisse hervorbringen.

# 5 Körperlichkeit und Wahrnehmung

Extremsportler setzen gegen die Intellektualisierung und Kopflastigkeit des Alltags ein körperorientiertes Handeln. Sie greifen damit auf die Außenstütze und Materialitätsbasis von Interaktion, Organisation und Gesellschaft zurück, nämlich auf den Körper und die dort installierten Sinnesorgane. Menschen, die Berge besteigen, Eis- oder Sandwüsten durchqueren, nutzen ihre Körper in einer demonstrativen und alternativen Weise – und sie tun dies in einer Gesellschaft, die Körperlichkeit in vielerlei Hinsicht verzichtbar gemacht hat (vgl. Bette 1987, 1989, 1999: 106ff). Da die Bewältigung räumlicher Distanzen im Zeitalter von Autos, Flugzeugen und Raketen keine eigene körperliche Fortbewegung mehr erfordert, hat der Körper mit seinen Gliedmaßen als Fortbewegungsmittel generell an Bedeutung verloren. Er wird während der Reise in einer passiven Steh- oder Sitzposition eingefroren. Man kann sagen: Die zeitgenössische Schnelligkeit bei der Raumdurchquerung ist nur deshalb möglich, weil die Fortbewegungsgeschwindigkeit der Menschen nicht mehr von der Schrittfrequenz der Beine oder der Pumpfähigkeit des Herzens abhängt, sondern mit Hilfe technischer Innovationen und Gerätschaften erzielt wird. Menschen werden bewegt, ohne sich selbst bewegen zu müssen. Die einzige Bewegung findet in der Feinmotorik der Augen und – im Falle des Autofahrens – in der sporadischen Koordination der oberen und unteren Extremitäten statt. Die Topographie einer Stadt oder eines Landes läßt sich heute ohne den Verlust eines einzigen Schweißtropfens durchqueren.

Auch der Arbeitsalltag der Moderne marginalisiert den Körper und richtet ihn entsprechend zu. Organisatorische Regeln unterwerfen den Körper einer Vielzahl sozialer Kontrollen und Reglementierungen: er hat ruhig zu sein, darf nicht durch Geräusche auf sich aufmerksam machen, wird zur besseren Abwicklung abstrakter Geschäfte auf den Stuhl verbannt, muß in öffentlichkeitszugewandten Berufen permanent lächeln oder hat den Taktvorgaben der Industrieproduktion zu folgen.[40] Wer seinem Schlaf- und Ruhebedürfnis am Arbeitsplatz nachkommt, fliegt raus. Auch die Fitneßerwartungen, mit denen sich Manager konfrontiert sehen, um den Schnelligkeits- und Mobilitätserwartungen ihrer Firmen zu genügen, deuten darauf hin, daß soziale Systeme den menschlichen Körper entweder als Ressource für ihr eigenes Operieren in Anspruch nehmen oder auf ihn verzichten, wenn eine Inanspruchnahme des Körpers ihrer Logik widerspricht.

So hat der Modernisierungsprozeß in der Berufswelt physisch-organische Grenzzustände nahezu vollständig eliminiert. Schwere körperliche Arbeit findet heute nur noch dort statt, wo Roboterkörper und anderweitige Maschinen den menschlichen Muskeleinsatz noch nicht ersetzen konnten. Innovationen im Bereich der Massenkommunikation haben zudem die Hierarchie der Sinne spätestens seit der zweiten Hälfte des letzten Jahrhunderts zugunsten der Augen umgestellt. Nase, Ohren, Hände und Füße sind zwar nach wie vor unverzichtbar. Taktile, olfaktorische und auditive Wahrnehmungen mußten aber in einer medienorientierten Gesellschaft gegenüber dem Visuellen beträchtliche Bedeutungsverluste hinnehmen. Selbst beim Fern-Sehen wird der menschliche Restkörper weitestgehend ruhiggestellt.

Der Extremsport stellt die Körperferne der Moderne systematisch auf den Kopf. Ein in unterschiedlichsten Formen vollzogenes Körperhandeln steht im Mittelpunkt einer eigenen Sinnprogrammatik. Der Körper ist jetzt kein Instrument mehr, das stumm für andere Arbeitsvorgänge verwendet wird; er ist vielmehr als Handlungsbasis und -träger unmittelbar bedeutsam. Der Extremsport thematisiert den Körper allerdings nicht protektiv oder rehabilitativ, sondern setzt ihn bewußt aufs Spiel und konfrontiert ihn mit bisweilen lebensgefährlichen Herausforderungen und Risiken. Es geht nicht um die behutsame Wiederherstellung von Gesundheit, die Beseitigung einer physisch-organischen Störung, um Krankheitsbereinigung oder -vermeidung, sondern um Abenteuer, Selbstauslieferung und Körpereinsatz. Ein Körper, der sich der Risikobewältigung widersetzt, erscheint als ein Hindernis, das es zu überwinden gilt. Wo Menschen ihren Willen zur Selbstermächtigung durch Selbstgefährdung erkaufen, wird die dem Körper beigemessene Bedeutung, »die ehrfürchtige Angst, mit der wir ihn umgeben, die Sorgfalt, mit der wir uns um seine Erkenntnis bemühen« (Foucault 1983: 186), ins Gegenteil verkehrt. Der Körper soll – so der Anspruch – durch die Transformation in einen riskierten, gefährdeten und häufig auch extrem drangsalierten Körper aus den Zwängen und Zurichtungen der Zivilisation befreit werden und zu sich selbst finden.

Damit erfolgt eine radikale Abwendung vom Alltagskörper, der aus dem Kontext seiner lebensweltlichen Normalverwendung und -vertaktung herausgenommen, seiner bisherigen Stabilität beraubt und in einen Sonderkörper umgewandelt wird. Ermüdung, Schweiß und völlige Verausgabungen sind vormoderne Körperzustände, die erst sportive Praxen wieder mit Sinn ausgestattet haben. In ihrem Tun heben die Extremen die Marginalisierung harter körperlicher Arbeit freiwillig auf. Sie wollen Körperenergie nicht einsparen, sondern demonstrativ vergeuden. Damit wenden sie sich gegen ein Handlungskonzept, das Energieverluste beim Arbeitseinsatz menschlicher Körper zu vermeiden und Zeitersparnis durch den technischen Transport von Körpern und Dingen zu erreichen trachtet.

Die Verausgabungsimperative des Extremsports stellen die in der Gesellschaft gültigen Maßstäbe für ein möglichst effektives Handeln somit auf den Kopf.[41] Bergsteiger, Langläufer, Distanzschwimmer oder Extremradfahrer sind Sozialfiguren zur Vermeidung der körperlichen Arbeitsvermeidung. Sie verfolgen bewußt nur jene Ziele, die sich mit einem hohen physischen und psychischen Aufwand erreichen lassen. Eine verausgabungsfreie Zielerreichung wäre für sie langweilig und unproduktiv. Erst die Energieverschwendung adelt ihr Handeln. Körperorientierte Extremsportarten verfolgen damit die Absicht, Technik als »funktionierende Simplifikation« (Luhmann 1997b: 524) zu entsimplifizieren. Die Akteure sprechen das Gebot aus, die durch Technik erzielbaren Entlastungseffekte explizit nicht nutzen zu wollen. Komplexität soll nicht »künstlich« reduziert werden; die

Subjekte sollen vielmehr die Möglichkeit erhalten, der durch Technik verdrängten Komplexität wieder habhaft zu werden.

In dem Verhalten der zeitgenössischen Abenteuer- und Extremsportler tritt eine Zweck-Mittel-Rationalität zutage, die dem ökonomischen Denken in der modernen Gesellschaft konträr gegenübersteht. Die etablierte Zweckwelt erfährt eine umfassende Kritik. Wo die Devise »time is money« vorherrscht, ist es ökonomisch, Ziele mit einem möglichst geringen körperlichen Aufwand pro Zeiteinheit zu erreichen. Und wenn berufliche Arbeiten nur durch harten Körpereinsatz zu erledigen sind, weil noch keine Maschinen die menschlichen Tätigkeiten ersetzen können, wachen die Gewerkschaften – zumindest in den entwickelten westlichen Industriegesellschaften – über entsprechende Ruhepausen und Regenerationszeiten für überstrapazierte Körper und Psychen. Schutzmaßnahmen dieser Art lassen sich im Extremsport nicht finden, weil körperliche Verausgabungen dort nicht als Bedrohung, sondern als sinnhaft wahrgenommen werden. Im Extremsport entfällt insofern auch die im modernen Alltag ansonsten bedeutsame Trennung zwischen Arbeit und Freizeit. Extremsportler haben körperlich rund um die Uhr zu schuften, wie man bei den zeitgenössischen Segelabenteuern, Kontinentüberquerungen und Mehrfach-Triathlons immer wieder sehen kann.

So verzichten Bergsteiger im Rahmen ihrer alternativen Handlungswahl auf vorhandene technische Gerätschaften, etwa eine Bahn oder Gondel, um einen Gipfel – beispielsweise die Eigernordwand – zu erreichen. Vielmehr setzen sie ihre Extremitäten ein, um die Höhe in einem langwierigen, gefährlichen und äußerst anstrengenden Verfahren zu erklimmen. Positive Erlebnisse kommen für sie nur dann zustande, wenn dem Erfolgserleben ein körperintensives Handeln vorgeschaltet wurde und am Gipfel nur diejenigen auftauchen, die einer ähnlichen Aufwandsökonomie Folge geleistet haben. Anstrengungen und Entbehrungen sind in dieser Handlungslogik positiv besetzt, weil sie in einer Zeit der körperlichen Anstrengungsminimierung und Leidensvermeidung knappe und außeralltägliche Erlebnishorizonte zu eröffnen versprechen. Außerdem sind sie in einer leicht nachvollziehbaren Weise distinktionsfähig. Der Kick, von dem Abenteuer- und Extremsportler häufig berichten, speist sich – so läßt sich in diesem Zusammenhang vermuten – wohl auch aus der Lust, jenen

Institutionen und Organisationen entkommen zu sein, die in der modernen Gesellschaft Macht und Kontrolle auch dadurch ausüben, daß sie das Handeln der Menschen verpflichtend an reine Kopfarbeit koppeln und für den restlichen Körper meist nur Desinteresse zeigen.

Extrem strapaziöse physische Betätigungen im Rahmen von Langzeitexpeditionen, Trekkingtouren, Bergbesteigungen oder Polarüberquerungen zeigen in einer überzeugenden Weise, daß der Körper als Fortbewegungsvehikel noch nicht gänzlich überflüssig geworden ist. Ihn demonstrativ zu nutzen heißt auch, ein Fanal gegen die fortschreitenden Prozesse der Körperdistanzierung, Personenverdrängung und Technisierung zu setzen. Extremsportler profitieren damit von der im Alltag vollzogenen Körpermodellierung und -kontrolle. Sie prägen körperorientierte Handlungsformen in einer Gesellschaft aus, die den Rationalitätsbegriff im Bereich der Arbeit, des Lernens, des Kommunizierens und der Fortbewegung körperfern festgelegt hat. Menschen bringen sich bewußt in Situationen hinein, in denen sie sich selbst und anderen demonstrieren können, daß der Zugriff auf den eigenen Körper über allgemein übliche Zugriffsgrenzen weit hinausgeschoben werden kann – mit und auch gegen vorhandene Naturgesetze. Sie wenden sich damit auch gegen die Genuß-, Spaß- und Wohlfühlverwendung des Körpers im Breiten- und Fitneßsport.

Vor dem Hintergrund einer Gesellschaft, die auf der Basis von Kommunikation operiert, stehen im Risikosport nicht Kommunikation, sondern *sinnliche Wahrnehmung und Körperhandeln* im Vordergrund. Augen, Ohren und Nase, aber auch Hände und Füße sowie die hierüber vermittelten Orientierungs-, Gleichgewichts- und Balancierungsfähigkeiten erfahren im Extremsport eine interessante Wiederbelebung. Bergsteiger, Langstreckenschwimmerinnen oder Extremsurfer wollen schließlich keine virtuosen Leistungen des Geistes erbringen, beispielsweise in der Bewältigung hochstehender intellektueller Aufgaben. In ihren Herausforderungen suchen sie vielmehr körperliche Primärerfahrungen und außeralltägliche Sinneseindrücke – und zwar in einer Zeit, in der Sekundär- und Tertiärerfahrungen immer mehr den Erfahrungshorizont des einzelnen domestizieren.

In einer vornehmlich durch Sprache, Schrift, Bild und Film geprägten Gesellschaft erscheint die Realität vornehmlich als gehörte, erzählte, gelesene oder auf dem Bildschirm gesehene Realität. Sprache und Schrift entlasten durch symbolische Generalisierungen von einer eigenen Wahrnehmung. Sie ersetzen Weltsachverhalte durch Zeichen, die für etwas stehen, was sie selbst nicht sind. Sprache und Schrift erzeugen deshalb immer nur eine semiotische Welt, und es wäre beispielsweise fatal, Wörter, die Dinge bezeichnen, für die Dinge selbst zu halten (vgl. Luhmann 1997a: 218). Damit deutet sich an, was ein jenseits von Sprache, Schrift und Bild angesiedeltes körper- und wahrnehmungsorientiertes Handeln zu leisten vermag. Es ermöglicht einen Zutritt in jene reale Realität, die zwar durch Wörter und Bilder bezeichnet wird, aber durch sie nie in toto erreicht werden kann.[42]

Die Extremen opponieren gegen eine durchsemantisierte, bildorientierte Gesellschaft, indem sie sich bewußt auf Praktiken einlassen, die ein spezifisches Bewußtseins- und Körpererleben hervorrufen und nur über konkrete sinnliche Wahrnehmungsprozesse ansteuerbar sind. Sprache und Bilder können die Komplexität dieser Erfahrungen nur unzureichend einholen: die Gefühle des Gleitens im Wasser, der rasanten Abfahrt auf Schnee oder Eis, des Schwebens in einem Drachen oder des freien Falls während eines Fallschirmabsprungs und die Sensationen, die sich nur im Vollzug körperorientierter Tätigkeiten wie Schwimmen, Tauchen, Wandern, Fliegen, Laufen oder Fahren einstellen. Gegen den Verlust selbstgemachter Erfahrungen in der Organisations- und Mediengesellschaft stellt der Extremsport eine Welt der Eigenerfahrungen, die viele Menschen verzaubert und in ihren Bann schlägt. Die konkreten Erfahrungen kontern jene Erlebnisse, die Menschen in einer »abstract society« (Zijderveld 1970) ansonsten hinzunehmen haben.

Hierzu gehört auch die typisch moderne Erfahrung, in der eigenen Wahrnehmung häufig fremdgesteuert zu werden. Fernsehen, Radio und Zeitung kanalisieren schließlich nicht nur das Wissen der Menschen über die Welt, sie beeinflussen auch in einer sehr konkreten Weise die Wahrnehmungsschritte und -formen. Gefühle der Freiheit und Lebendigkeit stellen sich im Abenteuer- und Risikosport hingegen ein, weil das Eintauchen in die Welt der Primärerfahrungen eine Autonomie über den eigenen Sinnes- und Körpereinsatz beinhaltet. Wenn der Zuschauer im Fernsehen an die Schnittfolge und die Bildauswahl eines Regisseurs oder Kameramanns gebunden ist, die Welt somit zwar zur Verfügung steht, aber die Ausschnitte passiv hinzunehmen sind, ist der Abenteuer- und Risikosportakteur sein eigener Regisseur. Sportgeräte und technische Artefakte wie Gleitschirme, Surfbretter oder Mountainbikes dienen ihm als verlängerte und spezialisierte »Körperglieder«, mit denen er die eigenen Wahrnehmungs- und Erlebnisprozesse dirigieren und seinen Körper alternativ zum Einsatz bringen kann.

Das Erleben des körperlich Konkreten erfolgt vornehmlich als ein Erleben des gesellschaftlich exkludierten Körpererlebens. In einer Gesellschaft, die bereits weit im Medikalisierungsprozeß fortgeschritten ist, d.h. in der Menschen ihre Schmerzen mit Hilfe chemischer Substanzen verdrängen, bietet der Extremsport ein alternatives Körpererleben. In den ausdauerorientierten Praktiken, die sich über Tage oder Monate hinziehen, feiert der homo patiens, der leidende, gegen die Natur ankämpfende und sein Tun mit Blut, Schweiß, Tränen, Erfrierungen, Atemnot, Blasen, Schlafentzug, Hunger und Durst bezahlende Mensch seine moderne Wiederkehr. Das Erscheinungsbild des abgehärmten, ausgepumpten und vorzeitig gealterten Akteurs (Beispiel: der Extrembergsteiger Hermann Buhl nach der Erstbesteigung des Nanga Parbat) ist symptomatisch für jene Betätigungen, in denen der Körper über längere Zeit mit extremen Belastungen und Prüfungen traktiert wird. Das tief zerfurchte Gesicht, der langsame Schritt und der völlig erschöpfte Körper zeugen von gerade überstandenen Gefahren und Strapazen und dem Preis, der zu bezahlen ist, wenn sich Menschen freiwillig der Kontingenz der Natur aussetzen und sich den Routinen des Alltags und den dort stattfindenden Zurichtungen zu entziehen versuchen.

Die Idee des selbstauferlegten Martyriums ist ein wichtiger Bestandteil dieser Praktiken. Schmerzen werden nicht als Negativbotschaften wahrgenommen, die es in jedem Fall zu vermeiden gilt; sie sind vielmehr kalkulierte Bestandteile eines spezifischen Körperprogramms, das in scharfem Kontrast zur Medikalisierung, Wellness-Orientierung und Anstrengungsvermeidung der Restgesellschaft steht. Höhenbergsteiger, Ultramarathonläufer, Extremradfahrer und Langstreckenschwimmer sind Inkarnationen freiwilligen Leidens, die sich in ihrem ausgemergelten Erscheinungsbild demonstrativ gegen eine rein konsumatorisch orientierte Körpernutzung wenden und damit die »Verweichlichung« des modernen Subjekts kritisieren. Im

Abenteuer- und Extremsport geht es in der Tat nicht um die Teilhabe an der typisch modernen Kultur des Wohlfühlens, in der Menschen es sich in einem passiven Zustand gutgehen lassen, sondern um eine aktiv betriebene Inklusion vormals exkludierter Körperzustände, die Wohlgefühle erst dann erlaubt, wenn vorher eigene Anstrengungen stattfanden. Schmerzen und Leiden verifizieren in eindrucksvoller Weise die eigenen Aufwendungen und machen Differenzen in einer leicht nachvollziehbaren Weise erfahrbar. Wer tagelang ohne größere Wasserration auskommen mußte, empfindet den ersten Schluck Wasser als Erlösung. Und wer wochenlang mutterseelenallein bei Minusgraden durch die Arktis gewandert ist, dem eröffnet die erste warme Dusche paradiesische Gefühle des Wohlbefindens.

Der Abenteuer- und Extremsport überarbeitet und reformuliert die durch den Modernisierungsprozeß modellierte und veränderte Körpernutzung und richtet sie neu aus; allerdings nicht in dem Sinne, daß die Praktiken der Überarbeitung das gesellschaftlich exkludierte Erleben gänzlich ersetzten. Sie ergänzen es vielmehr nur. Der Risikosport profitiert dabei vom Topos der Erfahrungsverluste, der sich seit der zweiten Hälfte des 19. Jahrhunderts durch die europäische Kulturkritik zieht. Indem der Extremsport an der Differenz zwischen semiotischer und realer Realität andockt und den Körper als Erlebnis- und Handlungsmedium rehabilitiert, und all dies im Rahmen spektakulärer Aktionen betreibt, konnte er innerhalb der modernen Gesellschaft als Spezialist für das konkrete, körperlich-nonverbale und riskante Handeln auf sich aufmerksam machen.

Offensichtlich hat die Entstehung einer funktional differenzierten und hochtechnisierten Gesellschaft einen Bedarf an sinnlich orientierten Eigenerfahrungen hervorgerufen, die Menschen gegen die dominante Welt fremdvermittelter Erlebnisse in Anschlag bringen. Im Meer der Kontingenzen, Widersprüche und Komplexitäten übernehmen selbstgemachte Erfahrungen die Aufgabe, Abstraktion und Körperdistanzierung zu kontern. Menschen profitieren von dieser Hinwendung, weil körperbasierte Wahrnehmungsleistungen ein Sicherheitsfundament erschließen helfen, das allein durch die Teilhabe an symbolisch-abstrakten Zeichensystemen in einer vergleichbaren Weise nicht herstellbar ist. Dinge, die man riecht, fühlt, begreift und in der einen oder anderen Weise mit seinem Körper benutzt, wirken anders als Sachverhalte, die nur durch Kommunikation zu entschlüsseln sind. Die Greif- und Tastsinne stellen ein anderes Verhältnis zur Welt her als die Gedanken, die man ohne Berührung in seinem Bewußtsein über die Welt entwickelt.

Dabei zeigen sich unterschiedliche Formen des Wirklichkeitszugangs: Sind Finger und Hände für die Erfassung und Einverleibung der Nähe zuständig, sind die Augen darauf spezialisiert, Ferne wahrzunehmen und ohne direkten Kontakt an der Welt teilzuhaben. Hand, Gehirn und Auge formen, so Popitz (1995: 71) in einer vereinfachten Deutung, einen »organisch-technischen Regelkreis«: die Hand arbeitet und verändert die Dingwelt, das Auge steuert den Handeinsatz und das Gehirn vergleicht diesen mit eingespeicherten Zielvorgaben und initiiert Korrekturen. Die Hände wären deshalb, so Popitz (ebd.), aufgrund ihrer technischen Verwendbarkeit wichtige Bedingungen der Möglichkeit von »Weltoffenheit«. Sie erlaubten, philosophisch-anthropologisch betrachtet, eine Anpassung der Menschen an die Welt durch Veränderung der Welt. Sie stellten nicht nur Kontakte zur Außenwelt her, sondern kanalisierten auch den Zugang zur Innenwelt, wenn beispielsweise die Hände den eigenen Körper berühren.

Die Bedeutung des Zusammenhangs von Körper und Erkenntnis gewinnt an Dringlichkeit (vgl. Bourdieu 1995: 165ff), wenn man den Umstand einblendet, daß die Hände im Verlauf des Modernisierungsprozesses an gesellschaftlicher Bedeutung verloren haben und marginalisiert wurden.[43] Früher von Händen erfüllte Funktionen sind an Apparate delegiert worden. Menschen können mit Hilfe einer entsprechenden Computersoftware Texte schreiben, ohne ihre Finger benutzen zu müssen. Autos werden heute weitgehend von Robotern, mechanischen Kunstkörpern, zusammengeschraubt und -geschweißt. Ärzte diagnostizieren ihre Patienten mit Hilfe komplizierter Gerätschaften. Lichtkabel leuchten in Körperhöhlen hinein und verschaffen Einblicke, wo menschliche Augen und Finger auf Distanz bleiben müssen. Die Wahrnehmung reduziert sich im Zeitalter der Technisierung und Automatisierung auf die Wahrnehmung von Knöpfen, Schaltern und Bildschirmen. Der (Extrem-)Sport rehabilitiert den gesellschaftlichen Bedeutungsverlust der Hände gerade in jenen Disziplinen, in denen Greifen, Klettern, Halten, Stoßen oder Ziehen existentiell bedeutsam sind. Menschen, die ihre Hände einsetzen, um die Vertikale zu bewältigen und der Erdanziehungskraft zu widerstehen, verschaffen sich eine Gewißheit, die auf sensorischen Eindrükken beruht und ohne ein kommunikatives Verstehen auskommt. Die Hände stellen eine unmittelbare Erfahrung her, die Sprache hingegen befreit hiervon (Gebauer 1984: 253). Wahrnehmung bezieht sich vornehmlich auf Anwesendes (Dinge oder Personen); Kommunikation hingegen zielt auf Abwesendes, meist in Gestalt von Sprache oder Schrift. Natürlich sammeln Menschen auch sinnliche Erfahrungen vor dem Computerbildschirm, aber es macht einen Unterschied, ob sie beispielsweise das Gefühl der Bodenlosigkeit auf der zweidimensionalen Fläche eines Bildschirms erleben oder in der Dreidimensionalität des realen Raumes, wenn sie mit dem Fallschirm aus 3.500 Meter Höhe aus dem Flugzeug stürzen und sich dem Rausch des Fallens und dem Risiko des Scheiterns aussetzen.

Wahrnehmungsorientierung und wortloses Körperhandeln mit Hilfe extremer Sportpraktiken erfahren in der modernen Gesellschaft offensichtlich deshalb eine starke soziale Nachfrage, weil Kommunikation eher Spiralen des Mißverstehens auf den Weg bringt (vgl. Kapitel 3). Der körper- und wahrnehmungsorientierte Abenteuersport wäre dann als eine Antwort auf die Expansion von Kommunikationsproblemen und Verstehensdefiziten zu werten. Schließlich ist Wahrnehmung nicht darauf angewiesen, zwischen Information und Mitteilung zu unterscheiden, während für Kommunikation genau diese Unterscheidung konstitutiv ist (Luhmann 1984: 560f; Kieserling 1999: 35). Wenn die Trias von Information, Mitteilung und Verstehen in einer weithin beobachtbaren Weise im kommunikativen Panorama der Gesellschaft auseinandertritt, Dissonanzen erzeugt und die Konsequenzen des Mißverstehens mit Hilfe der Massenmedien permanent wach gehalten und wiederum kommuniziert werden, erschallt auf der Ebene von Personen der Ruf nach einem wahrnehmungsbasierten, schnellen und einfachen Verstehen. Naturale Abenteuer versprechen, genau dies sicherstellen zu können.

Die Welt des Extremsports und der körperorientierten Risiken ist einfach konstruiert. Sie ist kein fiktionales Universum, in dem Menschen sich virtuell bewegen; sie wirkt in einer überzeugenden Weise real – auch wenn die Inszenierungen, die im Abenteuersport bisweilen stattfinden, als skurrile Auswüchse einer fiktionalen Realität erscheinen. Menschen können hier »einfach« wahrnehmen, weil ihr Handeln in Situationen stattfindet, die unterkomplexe Lebensverhältnisse in einer sehr konkreten Weise simulieren. Jenseits der Alltagszwänge stellen sich Extremsportler zeitlich, sachlich, sozial und räumlich eng begrenzte Aufgaben, die sie auf der Grundlage von Körper- und Wahrnehmungskompetenz angehen und ohne großen kommunikativen Aufwand im Moment des Vollzugs bewältigen. Man schläft in Zelten, fährt mit Kanus, kocht am Lagerfeuer, überbrückt Distanzen zu Fuß oder per Fahrrad, schwimmt, taucht, segelt, fliegt, seilt sich ab, hangelt sich hoch oder läßt sich fallen und kann aus all diesen Aktionen selbst dann noch Natürlichkeits- und Präsenzgefühle für sich ableiten, wenn man auf Technikunterstützung zurückgreift.

# 6 Eindeutigkeit und Evidenz

Vormoderne Gesellschaften können durch ihre Fixierung auf Religion und Herkunft als »Gewißheitsgesellschaften« (Gross 2000: 3) bezeichnet werden. Das Leben fand in einer überschaubaren, eng umgrenzten lokalen und sozialen Umgebung statt. Der mittelalterliche Mensch lebte »eingeschmolzen in die Sphäre des Hauses und seiner Nachbarschaft« (Borst 1983: 532). Lediglich Adlige, Fernhändler, Pilger, Mönche, Entdecker und Soldaten durchquerten den Raum, um entweder Machtansprüche durch körperliche Präsenz an unterschiedlichen Orten zu demonstrieren oder um jenseits des Horizonts das Unbekannte zu suchen und knappe Ressourcen für eigene Interessen zu akquirieren. Veränderungen traten in Gestalt von Raub, Plünderung, religiösen Unruhen oder Epidemien auf und waren deshalb negativ besetzt. Fragen nach dem Sinn der Existenz wurden durch Rückgriff auf religiöse Deutungsangebote beantwortet. Die christliche Heilslehre überlagerte in Europa das Denken, Handeln und Fühlen und versorgte Menschen mit entsprechend justierten Erklärungsschemata, wenn es um die Verarbeitung von Sinnproblemen ging. Ein Blick in die Bibel, Interpretationen von der Kanzel oder ein Besuch im Beichtstuhl eröffneten entsprechende Interpretationshorizonte. Selbstbeobachtungen wurden in dieser Zeit religiös gestützt und führten nicht in ein »bodenloses Nichts« (Schimank 2002: 284), sondern verschafften dem Subjekt basale Sicherheitsgefühle. Moderne Gesellschaften hingegen sind paradox und ambivalent konstruiert: Sie produzieren höchstens die Gewißheit, daß traditionellen Sicherheiten und Gewißheiten nicht mehr zu trauen ist. Man kann sie deshalb – trotz der Routinisierung des modernen Alltags – als *Ungewißheitsgesellschaften* bezeichnen.

Der Wechsel von einer Gewißheits- in eine Ungewißheitsgesellschaft ist das Ergebnis sozialstruktureller Veränderungen, die sich weitgehend hinter dem Rücken der Akteure als nicht-intentionale Nebeneffekte völlig anders motivierter Prozesse ergeben haben. Der zeitgenössische Abenteuer- und Extremsport formuliert vor diesem Hintergrund ein Eindeutigkeits- und Evidenzversprechen, das nicht wenige Menschen dankbar annehmen. Dies läßt sich verstehen, wenn man die Gewißheitsverluste in Rechnung stellt, die im Prozeß der gesellschaftlichen Modernisierung systematisch und dauerhaft hervorgerufen werden. Folgende Kräfte treiben diese Entwicklung maßgeblich an:

Überlieferte Evidenzen werden *erstens* dadurch systematisch zerstört, daß die moderne Gesellschaft eine auf Wachstum, Veränderung und permanente Steigerung ausgerichtete Dynamik freisetzt. Wo das Bestehende nur als Durchgangsstadium für das Zukünftige bedeutsam ist, erscheint der Status quo als defizitär und dauerhaft verbesserungswürdig. Diese notorische Unzufriedenheit mit dem Erreichten kommt zustande, wenn Sozialbereiche an jeweils einer Funktion freigesetzt werden, also von Fremdreferenz auf Selbstreferenz umschalten, und anschließend nur noch ein Interesse daran haben, ihre eigene Logik zu bedienen. Die moderne Wissenschaft beispielsweise ruft durch ihre Auf- und Abklärungsarbeit in besonders krasser Weise Entzauberungseffekte und Evidenzverluste hervor. Sie konnte sich im Verlauf der sozio-kulturellen Evolution als ein Kommunikations- und Handlungsbereich herauskristallisieren und auf einen Sonderaspekt gesellschaftlicher Reproduktion spezialisieren, nämlich auf die Herstellung intersubjektiver Wahrheit. Indem sie sich anhand je eigener Prämissen und Logiken durchrationalisierte, entsprechende Handlungspräferenzen und Vermeidungsimperative etablierte, konnte sie sich von allgemeinen gesellschaftlichen Überlegungen und Rücksichtnahmen abkoppeln. In der Wissenschaft geht es um intersubjektiv wahre oder falsche Theorien, um Erkenntnisfortschritt und eine Steigerung des wissenschaftlich Möglichen. Wissenschaftliche Wahrheit ist deshalb nicht, wie es in vormodernen Zeiten üblich war oder in totalitären Gesellschaften heute noch anzutreffen ist, an außerwissenschaftliche Kriterien gekoppelt. Sie ist dadurch freigesetzt, prinzipiell alles zu thematisieren – ohne religiöse und politische Deutungsvorgaben oder Alltagsevidenzen berücksichtigen zu müssen. So kann sie in Gestalt der Soziologie Gesellschaft beobachten und beschreiben oder als universitär fundierte Pädagogik über Erziehung und Bildung reflektieren. Die Herstellung anspruchsvoller Wahrheit kann nur noch in der Wissenschaft erfolgen – und nirgendwo sonst. Es kommt deshalb in erwartbarer Weise zu einer fortschreitenden Distanz zwischen wissenschaftlich legitimierten Wahrheitsansprüchen einerseits und anderweitig fundierten »Wahrheiten« andererseits. Die Wissenschaft erweist sich durch ihre ungeheure Dynamik nicht als ruhender Pol der Daseinserklärung. Eher das Gegenteil ist der Fall: Sie sorgt für dauerhafte Irritationen und Kränkungen, weil sie den Absolutheitsanspruch anderer Deutungen permanent unterläuft.

Galilei erbrachte nicht nur den Beweis für den Kugelcharakter der Erde, er entlarvte damit auch die tradierten religiösen Wahrheitsansprüche als unzeitgemäße Dogmen. Die Religionskritik des 19. Jahrhunderts (Feuerbach, Marx) verschärfte diese Weltsicht durch den Hinweis, daß Religion lediglich »Opium des Volkes« sei. Die Darwinsche Evolutionsbiologie verwies auf die tierische Abstammung der Hominiden und Sigmund Freud kränkte das moderne Subjekt durch den Hinweis, daß es mit der Autonomie des einzelnen nicht so weit her sei, weil innere Triebe und frühe Erfahrungen und Versagungen das individuelle Handeln heimlich aber wirksam beeinflußten. Und auch die moderne Soziologie erweist sich seit Beginn des 19. Jahrhunderts als »Mythenjäger« (Elias 1993: 51ff), indem sie metaphysische Spekulationen durch Tatsachenbeobachtungen hinterfragt und die im Gefolge der europäischen Aufklärung entstandene Vorstellung von der Autonomie des Subjekts mit dem Hinweis auf die Wirkungsweise sozialer Konstellationen und Konfigurationen konfrontiert. Das Individuelle des Handelns sei, wie Ulrich Beck und Elisabeth Beck-Gernsheim (1994: 30) formulierten, »die Illusion derjenigen, denen die Einsicht in die sozialen Bedingungen und Bedingtheiten ihrer Existenz verstellt ist.«

Die Wissenschaft ist somit ein Sozialsystem, das Gewißheiten tagtäglich in Probleme transformiert. Forschung ist, wie Bourdieu

(1993: 57) mit ähnlicher Blickrichtung formulierte, »die Kunst, sich – und den anderen – produktive Schwierigkeiten zu bereiten. Wo zuvor einfache Dinge waren, werden Probleme sichtbar gemacht.« Vor allem sorgt die Wissenschaft für eine permanente Entwertung eigener Erkenntnisse. Was heute noch als Wahrheit gilt, findet sich vielleicht schon morgen auf dem Schrottplatz der Ideen wieder. Da es in der Wissenschaft selbst keine wissenschaftlich legitimierbaren Gründe gibt, das wissenschaftlich Mögliche nicht zu steigern, erfolgt die Produktion wissenschaftlicher Wahrheiten im Sinne eines »Antriebs ohne Bremsvorrichtungen« (Luhmann 1983: 37). Es entsteht eine innere Unendlichkeit, die mit Autonomiekonzepten, beispielsweise mit dem Postulat der Freiheit von Forschung und Lehre, abgepuffert wird. Selbst die Kritik an der Expansion von Wissenschaft kann nur auf der Grundlage einer wissenschaftlich legitimierten Wahrheit mit Akzeptanz rechnen. Mit dem gegenwärtigen Erkenntnisstand nicht zufrieden zu sein und immer mehr Wahrheit produzieren zu wollen, führt allerdings dazu, von Evidenz auf Risiko und Ungewißheit umstellen zu müssen. Gefühle der Ungewißheit entstehen im Kontext des wissenschaftlichen Kommunizierens weiterhin auch dadurch, daß die basalen Elemente des Wissenschaftssystems, nämlich Publikationen, für Laien oft nicht mehr nachvollziehbar sind. Allein schon die Fachsprachen der diversen Wissenschaftsdisziplinen sorgen für Verstehensbarrieren sowohl nach außen, gegenüber Laien, als auch nach innen, gegenüber den Spezialisten anderer Disziplinen.

Im Panorama etablierter Gewißheitsannahmen erzeugt die Wissenschaft durch ihre permanente Wahrheitsproduktion und Irritationsarbeit zudem einen Domino-Effekt. Die Vernichtung bisheriger Weisheiten und Erkenntnisse innerhalb der einzelnen wissenschaftlichen Fachkulturen setzt andere Sozialbereiche unter Anpassungsdruck und löst dortige Gewißheiten unbarmherzig auf, wie die gegenwärtige Debatte über die Gentechnologie im Kontext von Politik und Religion zeigt. Ähnliche Desillusionierungen passieren in der Wirtschaft, wenn Produktionsformen und Vertriebswege entstehen, die das bislang Bewährte auf den Kopf stellen. In der Erziehung hat das pädagogische Establishment unter dem Eindruck wissenschaftlicher Erkenntnisse die Erfahrung abzubuchen, daß die alten (Buch-) Gewißheiten nicht mehr ausreichen, um Kinder und Jugendliche für eine veränderte Welt fit zu machen. Der Glaube an die Möglichkeit einer intentionalen Erziehung der Schüler und Schülerinnen durch den einzelnen Lehrer gehört – wie die soziologische Aufklärungsarbeit der letzten Jahre über die tatsächlich wirkenden Dynamiken in Schule und Schulunterricht gezeigt hat – eher in den Bereich der professionellen »Selbstillusionierung« der Lehrer hinein.

Komplexe Gesellschaften erzeugen *zweitens* durch ihre Differenzierungsmatrix ein Weltbild, das auf dem Bildschirm vieler Gesellschaftsmitglieder als uneindeutig und polyvalent erscheint. Die moderne Gesellschaft ist eben nicht nur eine »Multioptionsgesellschaft« (Gross 1994), sondern auch eine Multi-Beobachtungsgesellschaft. Das bedeutet: Durch die funktionale Fragmentierung der Gesellschaft in eine Vielzahl unterschiedlicher Sozialbereiche, die jeweils ihrer eigenen selbstbezüglich geschlossenen Logik folgen, erhöht sich die Anzahl alternativer und heterogener Beobachtungsmöglichkeiten. Schließlich legt jedes Teilsystem für sich selbst fest, was Realität ist. Die Religion deutet die Welt mit Hilfe von Bibel, Koran oder anderen Sinnfixierungen. In der Wissenschaft sieht die Welt völlig anders aus. Wenn ein einzelnes Ereignis also nicht nur eine politische, wissenschaftliche oder wirtschaftliche Bedeutung hat, sondern gleichzeitig auch im Kontext rechtlicher, künstlerischer, pädagogischer oder religiöser Fragestellungen relevant wird, multipliziert dies die Möglichkeiten, mit denen die Menschen sich und die sie umgebende Welt beobachten können. Außerdem müssen die Gesellschaftsmitglieder lernen, daß auch sie aus den unterschiedlichsten Blickwinkeln beobachtet und nachgefragt werden. Ein einheitliches Verhältnis von Individuum und Gesellschaft wird dadurch unwahrscheinlich. In einer Gesellschaft ohne Zentrum und Spitze ist ein archimedischer Punkt der Wahrheit, den Menschen finden und für eine Gewißheitsstiftung nutzen könnten, nicht erwartbar. Vielmehr lastet auf dem einzelnen Akteur nunmehr die Aufgabe, sich aus dem hochkomplexen, widersprüchlichen und disparaten Angebot unterschiedlichster Sinnofferten und Beobachtungsergebnisse »seine« Gewißheitsfundamente selbst zusammenzustellen – immer mit dem Risiko, daß diese Entscheidungsfestlegung anschließend im gesellschaftlichen Wandel wieder zerrieben wird.

Evidenzverluste treten *drittens* dadurch auf, daß es heute keine optisch-visuellen Äquivalente für ablaufende gesellschaftliche Komplexität mehr gibt. Menschen, die bei aller Abstraktion, Intransparenz und Komplexität der modernen Gesellschaft ihre Sinnessensorien benutzen müssen, um sich im Alltag zu orientieren, treffen konsequenterweise auf eine völlig neue und potentiell überfordernde Situation. Sie haben nämlich das Problem zu lösen, daß sie in ihren Orientierungsversuchen auf Zusammenhänge und Sachverhalte stoßen, die mit Sinnesorganen nicht mehr in Gänze wahrnehmbar sind. Folgende Entwicklungen in Wirtschaft, Technik, Politik und Kommunikation verdeutlichen diese Verflüchtigung traditioneller Realitätsbilder:

Wenn (a) Notierungen an der Börse vorgenommen werden, bleibt die in dieser Institution operierende ökonomische Eigendynamik selbst Insidern ein Geheimnis – mit der Konsequenz, daß dieses Defizit an Nachvollziehbarkeit wirtschaftlicher Prozesse inzwischen selbst zu einem gravierenden Wirtschaftsproblem geworden ist. Das Fehlen möglicher Begleitwahrnehmungen erschwert die Datenerhebung und Entwicklungsprognose in erheblicher Weise. »Es gibt jedenfalls immer weniger Dinge und Referenzen, auf die man mit dem Finger zeigen könnte – wie Fabrikschlote, Fördertürme oder Fließbänder –, wenn man seinen Optimismus oder Pessimismus hinsichtlich der Entwicklung eines Unternehmens begründen will« (Gumbrecht 1997: 61). An den Börsen werden heute nicht mehr physisch-evidente Dinge, etwa Schweinehälften oder Sojabohnen, getauscht, sondern symbolische Äquivalente jagen in digitalisierter Auflösung mit höchster Geschwindigkeit durch Glasfaserkabel oder Satellitenkanäle.

Diese Wahrnehmungsdefizite verweisen (b) auf eine weitere Quelle der Verunsicherung des Gewißheitserlebens. Die technischen Innovationen, deren Wirkungen die Welt in den letzten Jahren verändert haben, lassen sich mit den menschlichen Alltagssensorien in ihrem Funktionieren nicht mehr wahrnehmen. Moderne Technik tendiert dazu, unanschaulich zu werden.[44] Das Universum der integrierten Schaltkreise bleibt unbeobachtbar, weil die dort hin und her sausenden elektrischen Impulse zu schnell für die menschlichen Sinne sind und in einer dem menschlichen Auge nicht zugänglichen Mikrowelt passieren. Was auf dem Computerbildschirm an Bildern erscheint, ist kein visuelles Pendant für die in den Chips tatsächlich ablaufende Komplexität. Der Mikrochip als maßgeblicher Motor der Informationsgesellschaft erbringt seine Leistungen in einer den menschlichen Alltagssinnen unzugänglichen Nanowelt. Er belebt Maschinen, die eine Kommunikation von Menschen ohne gemeinsame physische Präsenz im Raum ermöglichen, und treibt Apparate an, die körperliche Arbeit überflüssig machen. Die Leistungsträger selbst bleiben und wirken dabei im Verborgenen. In Beobachtung der fortschreitenden Miniaturisierung und Funktionsverlagerung in immer weniger Materie können die Menschen letztlich nur noch sehen, daß es immer weniger zu sehen gibt.

Die Disparität zwischen äußerer Erscheinung und innerer Komplexität führt dazu, daß es heute wesentlich schwieriger ist, technische Innovationen vorzuführen, als es beispielsweise noch im 19. Jahrhundert möglich war. »Während auf früheren Weltausstellungen Dampfmaschinen rumpelten und zischten, Eiffeltürme in den Himmel wuchsen oder Kristallpaläste leuchteten, verflüchtigt sich die Innovation heute in fiebrig glühende Netze. [...] Dem kaum fingernagelgroßen Original eines Mikrochips fehlt nicht nur die Aura, er würde auch kaum die vierzig Millionen Besucher anlocken, die die Expo braucht, um auf ihre Kosten zu kommen. Deshalb müssen die Exponauten die herumflirrenden Wirklichkeitspartikel aus Cyberspace und Computern heraussaugen, sie neu zusammensetzen oder ihnen doch wenigstens Masken anmessen, um der digitalisierten Welt Sinn und Sinnlichkeit einzuhauchen« (FAZ, 2.1.1998: 25). Neuerungen auf dem Gebiet der Medientechnologie haben zudem immaterielle Welten entstehen lassen, die von der realen Realität nicht mehr unterscheidbar sind. Dem Authentizitätsversprechen von Fotos und Filmen ist im Zeitalter der digitalen Bearbeitungsprogramme nicht mehr zu trauen. Man kann heute tote Schauspieler zum Leben erwecken oder Kreaturen erschaffen, die es nur mit Hilfe des Computers gibt.

Ein weiteres Beispiel für das Fehlen optisch-visueller Äquivalente für ablaufende gesellschaftliche Komplexität läßt sich (c) im Bereich politischer Kommunikation finden. Was bekommen wir, so die Frage, von der Realität der modernen Politik zu sehen? Politiker, die neue Gesetze formulieren und untereinander um Kompromisse ringen, entziehen sich in ihrem Handeln der öffentlichen Wahrnehmung. Das Feilschen um Macht findet in ernüchternder Weise in den Fraktionssälen, auf dem Korridor, in irgendwelchen Hinterzimmern oder gar in geheimen Logen statt. Das Parlament ist schon lange nicht mehr der zentrale Ort, wo politische Entscheidungen vor den Augen einer zuschauenden Öffentlichkeit im Rahmen diskursiver Auseinandersetzungen getroffen werden. Auch wenn zu konzedieren ist, daß bereits im Parlament des 19. Jahrhunderts »Fensterreden« gehalten wurden, kommt in der heutigen Demokratie hinzu, daß die Langatmigkeit politischer Kommunikation und das oft heimliche Taktieren im medialen Zeigenwollen nicht mehr gezeigt werden können. Vor hundert Jahren mußte Politik noch nicht so mediengerecht serviert werden wie heute, weil sie nur über Zeitungen berichtet wurde. Politiker der Gegenwart, die die Ergebnisse ihrer Arbeit einem Fernsehpublikum authentisch vorführen wollen, können oftmals nur noch symbolische Gesten erzeugen: Als Radfahrer, Tänzer, Jogger oder Händeschüttler versuchen sie den Zuschauern zu zeigen, daß es mit der Wirtschaft vorwärtsgeht, daß Jugend- und Familiennähe gegeben und Leistungsfähigkeit vorhanden ist. Oder wenn eine lockere und freundschaftliche Atmosphäre demonstriert werden soll, legen Politiker ihre Anzüge beiseite, aktivieren ihre Strickjacken und absolvieren unverdächtige Spaziergänge.

Gewißheitsverluste treten (d) auf, weil gesellschaftlich relevante Kommunikation immer weniger über Interaktion abläuft. Schrift, Buchdruck, Telefon und Internet entlasten von der gemeinsamen Anwesenheit in einer Situation und der wechselseitigen Wahrnehmung der Kommunizierenden. Bereits das Panorama des 18. Jahrhunderts hatte das Sehen komprimiert und ein breitdimensioniertes Bild zwischen Individuum und Realität geschoben, das sich einem einzelnen Übersichtsblick verweigerte.[45] Die Schrift eröffnete die Möglichkeit einer Diskrepanz zwischen Schreiber und Leser, die Telegraphie trennte die Information vom Informationsübermittler. Fotographie und Film produzieren Bilder und liefern Informationen über die Welt, ohne daß der Beobachter vor Ort sein müßte und könnte, um die Informationen auf ihre Richtigkeit zu überprüfen. Wo interaktionsfreie Kommunikationsformen expandieren, z.B. in den Chatrooms des Internets, entfällt die Möglichkeit, Wahrnehmungskontrollen in der Gleichzeitigkeit des Hier und Jetzt durchzuführen. Außerdem nahm die Schere zwischen Interaktion und Gesellschaft in der Moderne auch deshalb zu, weil sich der Systemtypus Organisation, der

Anwesenheit durch Mitgliedschaft ersetzt, auf breiter Basis entwickelt und dazwischengeschoben hat. Dadurch bekommt die Erfahrung, die Wirklichkeit mit den eigenen Sinnessensorien nicht mehr angemessen kontrollieren zu können, einen Normalitätswert.

Falls diese Analyse zutrifft und die moderne Gesellschaft durch ihren Formtypus tradierte Wirklichkeitsbilder und Wahrnehmungsmuster systematisch zur Verflüchtigung bringt und damit ihren Mitgliedern die Grundlagen für die Erzeugung von Evidenzgefühlen unter den Füßen wegzieht,[46] stellt sich die Frage, wie Menschen mit derartigen Transformationen umgehen und wie Gesellschaft wiederum auf das Rauschen aus ihrer personalen Umwelt reagiert. Der Extremsport ist, um es auf eine analytische Spitze zu treiben, eine Antwort der Gesellschaft auf die humanen Kollateralwirkungen des Modernisierungsprozesses. Risiko und Abenteuer dienen nicht nur der Zerstreuung, Selbstermächtigung und Distinktion oder der Wiederbelebung von Körper und Sinnlichkeit; sie kommen auch als *neue Evidenzbeschaffungsprogramme* ins Spiel. Notwendig ist hierfür allerdings eine assistierende Semantik, die mit sozial eingeführten Natürlichkeits-, Fitneß-, Selbstverwirklichungs- und Grenzerfahrungsformeln dabei hilft, daß Menschen physische und psychische Anstrengungen positiv verbuchen und nicht als zu vermeidende Entfremdungsfaktoren attribuieren.

Damit soll nicht gesagt werden, daß nur der Extremsport für die Beschaffung von Evidenz- und Präsenzgefühlen geeignet sei. Vergleichbare Leistungen erbringen auch andere körper- und wahrnehmungsorientierte Praktiken. Sport, Sexualität und Tanz scheinen in dieser Hinsicht funktional äquivalent zu sein. Im Sport geht es eben nicht nur vordergründig um Wettkampf, Gesundheit, Spaß, Geselligkeit oder das Ausleben einer körperlichen Funktionslust. Millionen von Menschen wirken in Vereinen, Fitneßstudios oder im nichtorganisierten Sport wohl auch deshalb auf ihre Körper ein, um Wirklichkeitsgefühle in einer Gesellschaft zu erarbeiten, in der sich die Teilhabe an den steuerungsrelevanten Sektoren der Realität immer weniger durch eigene Sinneswahrnehmungen und Erfahrungen abdecken und garantieren läßt. Wenn der Muskel beim Hanteltraining unter Spannung steht oder der Puls während des Laufens in die Höhe schnellt und dem Bewußtsein die Möglichkeiten und Grenzen der körperlichen Belastbarkeit signalisiert, können Menschen für sich das erlebbare Gefühl abbuchen, daß sie nicht nur symbolisch-abstrakt als Träger unterschiedlichster Rollen bedeutsam sind, sondern physisch-organisch in einer ansonsten disparat erscheinenden Realität noch präsent sein dürfen. Auch der Tanz produziert Wirklichkeitsgefühle, indem er Menschen im realen Raum in Bewegung setzt und körperlich synchronisiert. Die urbanen Rave-Orgien finden nicht umsonst in einer Phase der gesellschaftlichen Entwicklung statt, in der Gemeinschafts- und Realitätsverluste zu verzeichnen sind und Zukunftsvisionen in den Mühlen des Alltags zermahlen werden. Die moderne Gesellschaft erzeugt offensichtlich dadurch, daß sie die Wirklichkeitswahrnehmung ihrer Mitglieder immer mehr durch Wörter, Bilder und Filme prägt und durch ihr Differenzierungsprinzip eher Gefühle des Fragmentarischen evoziert, einen Bedarf an alternativer Welterfahrung.

Wie funktioniert dieser Mechanismus der Evidenzbeschaffung im Abenteuer- und Extremsport? Der Risikoakteur ist nicht nur Auge oder Ohr, wie der Leser eines Buches und der Zuschauer vor dem Fernsehgerät, die an einer erzählten, beschriebenen und gezeigten Realität teilhaben. Er setzt vielmehr auch andere Sinne ein und kann hieraus das Gefühl ableiten, »ganzheitlicher« anwesend zu sein und zu erleben. Im Wagnis finden Menschen außerdem paradoxerweise Halt, weil gerade der riskierte Körper als eine unhintergehbare Sicherheits- und Gewißheitsbasis gilt. Die Gefühle, die im Extremsport entstehen, erscheinen als konkret, eindeutig und wahrhaftig, weil die Situationen der Selbstgefährdung konkret und eindeutig sind und eine totalisierende Wirkung ausüben. Angst und Euphorie sind zweifelsfrei wahrnehmbar. Auch das Gefühl der eigenen körperlichen Verausgabung erschließt sich dem Bewußtsein unmittelbar und direkt: Die Atemfrequenz nimmt zu, die Muskeln übersäuern, der Körper folgt oder verweigert sich dem Zugriff des Denkens. Körperzustände dieser Art können nur in der Verausgabung selbst gefühlt und erfahren werden; sie lassen sich noch nicht einmal annäherungsweise durch eine Lektüre nachvollziehen, in der Menschen über den Prozeß und die Folgen der körperlichen Verausgabung nachsinnieren. Über sensorische Reize hervorgerufene Gefühle, die den ganzen Körper durchfluten, wirken anders als Gefühle, die man bei anderen beobachtet oder die man durch die Teilhabe an Kommunikation entwickelt. Eine Kulturkritik, die jedwede Ausprägung der Realität als reine Konstruktion ansieht, tropft angesichts dessen problemlos ab. Denn wer darüber nachdenkt, ob das Seil, an dem er hängt, real vorhanden ist oder nur als Erfindung des Geistes existiert, wäre im Abenteuersport nicht handlungsfähig. Er bliebe in den Strudeln der Selbst- und Welthinterfragung hängen oder stürzte ab.

Der Risikosport erzeugt Wirklichkeits- und Präsenzgefühle, die in einer vergleichbaren Weise über die Teilhabe an Kommunikation nicht hervorgerufen werden können. Dieser Gedankengang läßt sich verschärfen: Gegen das »Anything goes« moderner Weltdeutungen nehmen Extremsportler das Eindeutigkeitsversprechen des Risikos für eigene Sinnstiftungen in Anspruch. In Situationen der Selbstgefährdung erzeugen und bearbeiten sie Realität. Dies hat nicht nur mit der Körpernähe ihres Handelns zu tun. Die Elemente, in denen sich die Akteure bewegen, setzen auch Grenzen, die zu respektieren sind und durch Kommunikation nicht verändert werden können. Wasser, Eis, Luft, Sand und Erde besitzen eine Selbstevidenz, die Menschen zwar für ihre Zwecke nutzen können, ansonsten aber in deren Eigengesetzlichkeit zu akzeptieren haben. Menschen, die den Großteil ihres Lebens in kommunikativ gesteuerten organisatorischen Situationen verbringen und hiervon auch entsprechend profitieren, nutzen die Materialitäten und Eigenheiten der nicht-kommunikativen Umwelt der Gesellschaft, um sich selbst in ihrer Realität neu zu bestimmen.

Die Evidenzbeschaffung durch Risiko und Wagnis funktioniert noch in einer weiteren Hinsicht: Extreme Betätigungen bieten Menschen, die sich nicht nur einfach selbst thematisieren, sondern die ihre Selbstthematisierungen wiederum selbst thematisieren, die Möglichkeit einer dezisionistischen Externalisierung. Indem riskante Situationen die Aufmerksamkeit für das unmittelbare Handeln völlig absorbieren und eine Kongruenz zwischen Bewußtsein und Situation herstellen, eignen Risiken sich in besonderer Weise, das Reflexivwerden des modernen Subjekts zumindest kurzfristig zu kappen. Wenn der einzelne droht, in Beantwortung der Frage nach dem eigenen Ich in Reflexionsspiralen und infiniten Regressen steckenzubleiben, verspricht die Eigenwelt des Abenteuers einen totalisierenden Reflexionsverzicht. Mit seinen wilden, gefährlichen und nachhaltigen Erlebnissen ermöglicht der Abenteuersport eine Flucht aus der Diktatur der modernen Selbstreflexion hinein in die Sphäre der absorbierenden Tat. Das eigene Grübeln und das Leiden an der eigenen Psyche lassen sich zumindest kurzfristig außer Kraft setzen. Der Extremsport versetzt die Akteure systematisch in Situationen hinein, in denen sie instinktiv, prärational handeln dürfen, in denen das Möglichkeitsrepertoire eingeschränkt ist und eine Auswahl unter Zeitdruck vorzunehmen ist.

Ungewißheit, Risiko und permanente Abwechslung sind bewährte Interdependenzunterbrecher in der Autopoiesis des Bewußtseins. Risiko und Bewegung saugen Gedanken als Elemente des psychischen Systems im wahrsten Sinne des Wortes auf und hindern sie daran, Beobachtungen zweiter Ordnung in sich selbst über sich selbst durchzuführen. So können »Fließerfahrungen« zustande kommen, von denen die Psychologie seit geraumer Zeit so fasziniert ist.[47] Sie entstehen, wenn Menschen in ihrem Handeln das eigene Leistungsniveau treffen, also weder über- noch unterfordert sind, und in ihren Köpfen keine Beobachtung zweiter Ordnung stattfindet. Die Abenteuer- und Risikotat absorbiert das Denken und synchronisiert es mit dem handgreiflichen Tun. Im Moment der Gefahrenbewältigung denken Menschen nicht über die Ambivalenzen und Aporien des Daseins in modernen Gesellschaften nach. Sie müssen vielmehr situationsangemessen handeln, ihre Selbstermächtigung organisieren und das eigene Scheitern verhindern. Wer sich in den anforderungsintensiven Situationen des Extremsports per Gedanken externalisiert, etwa eigene Berufs- und Eheprobleme verarbeitet und insofern »nicht bei der Sache ist«, geht das Risiko ein, in der Bewältigung der Risiken zu scheitern.

# 7 Wiederaneignung der Zwischenräume

Die gesellschaftliche Modernisierung hat das Verhältnis von Individuum, Raum und Gesellschaft nachhaltig verändert. Die Entwicklung der Fortbewegung vom Gehen über das Laufen, die Nutzung von Tierkörpern oder anderweitigen Transportmitteln bis hin zur Rakete beschreibt den Weg einer zunehmenden Revolutionierung von Tempo und Raumwahrnehmung. Der vormoderne Mensch hatte noch ein enges Verhältnis zum Raum und zu den dort vorfindbaren Elementen. Die Raumdurchquerung war zeitintensiv und gefährlich. Die Wahrnehmung war gekoppelt an das Tempo der Fortbewegung. Die Erfindung der Dampfmaschine linearisierte und demokratisierte die Raumdurchquerung in der ersten Hälfte des 19. Jahrhunderts in Gestalt der Eisenbahn. Die Fortbewegung wurde schneller und emanzipierte sich von den Limitierungen des Körpers – mit zunächst schockartigen Erfahrungen auf seiten der ersten Benutzer. Der Explosionsmotor schuf das Auto, trennte die Raumdurchquerung von den Gleisen und individualisierte die Fortbewegung. Das Flugzeug als Manifestation einer weiteren Geschwindigkeitssteigerung ließ die Kontinente zusammenrücken, erhöhte die Mobilität der Menschen und ermöglichte deren räumliche Dispersion. Die Welt ist seitdem ein »global village«.

Die Materialität des Raumes und die dort vorfindbaren Elemente und Dinge haben durch diese Entwicklungen einen radikalen Bedeutungswandel erfahren. Nutzung und Wahrnehmung des Raumes veränderten sich, da Menschen heute nicht mehr notwendigerweise ihre eigenen Gliedmaßen in Bewegung setzen, Pferde- oder Kamelrücken besteigen oder die Kraft des Windes in Anspruch nehmen müssen, um sich von einem Ort zum nächsten zu bewegen. Technisierung und Motorisierung der Personenbeförderung führten *zu einer Entkopplung von Körper, Raum und Fortbewegung* sowie zu einer *Veränderung der Wahrnehmung*. Denn was ist der Raum für diejenigen, die ihn überfliegen oder schnell durchfahren? Die Abflugs- und Ankunftsorte nähern sich einander an und verschmelzen miteinander. Die Distanzen verlieren an Bedeutung. Alles wird omnipräsent. Durch die Technisierung des Personentransports geht vor allem der direkte Kontakt der Menschen zum durchquerten Raum und den dort versammelten Materialitäten verloren. Ein Reisender, der morgens sein Auto besteigt, um zur Arbeit zu fahren, bekommt von dem Raum, den er durchfährt, nicht viel mit. Im Zeitalter der modernen Transporttechniken berühren die Beine den Boden nicht mehr, sondern bleiben auf Distanz zu ihm. Der Körper muß vor dem Raum geschützt werden, den er mit hoher Geschwindigkeit durcheilt. Die schnelle Durchquerung des Raumes mit modernen Reisemitteln läßt eine zweifache Welt entstehen: die Welt der Transporträume und die Welt, die mit Transportgeräten durchquert wird. Die Beschleunigung der Raumdurchquerung vernichtet die Kohärenz einer gleichzeitigen Wahrnehmung beider Räume im beobachtenden Bewußtsein.

Im Zeitalter des technisierten Transports verschwinden für Reisende die Details des überbrückten Raumes. Gerüche, Farben, topographische Differenzen und klimatische Besonderheiten verlieren an Bedeutung. Die Tast-, Hör- und Riechsinne der Menschen nehmen nur die Reize aus den Räumen der Transportmittel wahr. Mit der durch Modernisierung verdrängten Aura des körperlich durchquerten Raumes geht die Möglichkeit des Selbst- und Körpererlebens in jenem Raum verloren, der jenseits der Transportkapseln existiert. Eine Verarmung des sensuellen Repertoires ist die Folge.

Auch die Evolution der modernen Kommunikationstechniken hat zum Bedeutungsverlust des Raumes beigetragen. Die Entwicklung von der Schrift, über den Buchdruck, die Telegraphie, das Telefon bis hin zu Radio, Fernsehen und Internet brachte eine ungeheure Ausdehnung der kommunikativen Reichweite mit sich; allerdings um den Preis einer *Entkopplung von Mensch, Raum und Kommunikation*. Menschen können heute interaktionsfrei miteinander sprechen, ohne in einem konkret vorhandenen Raum gleichzeitig anwesend sein zu müssen. Das Fernsehen ermöglicht das Eindringen in Räume jenseits des Horizonts – ohne eigene Fortbewegung. Wenn die Welt im Wohnzimmer auf dem Bildschirm erscheint, schrumpft der Raum optisch und akustisch (Kruse/Graumann 1978: 193). Mit Hilfe der Fernbedienung ist es sogar möglich, von einem Kontinent zum anderen zu springen und das Ferne ins Nahe zu transformieren. Das Internet läßt Menschen über festinstallierte Kameras an Räumen jenseits des Horizontes teilhaben. Der Blick aus dem Weltraum mit Hilfe von satellitengestützten Kameras verschafft Weit- und Nahblicke von oben, die dem vormodernen Menschen völlig unbekannt waren.

Der Raum der modernen Gesellschaft ist durch diese Entwicklungen zu einer marginalen Größe geworden. Waren die Mitglieder vormoderner Gesellschaften noch sehr eng an die Räumlichkeit eines bestimmten Territoriums gebunden, um miteinander in Kontakt zu treten und zu kommunizieren, funktioniert Kommunikation in der modernen Weltgesellschaft auf dem Prinzip der Entterritorialisierung. Der moderne Mensch ist – räumlich gesehen – ein »aus seiner Dimension gefallenes Wesen« (Guggenberger 1987: 23). Auch für die Funktionsweise der gesellschaftlichen Großsysteme wie Wirtschaft und Politik hat der Raum an Bedeutung verloren. Die Mobilität des Kapitals ist im Computerzeitalter nicht mehr an das Vorhandensein einer Straße gebunden. Märkte, auf denen Menschen physisch-evident tauschen, wurden zu Residualkategorien der Ökonomie. Für die moderne Wirtschaft ist es unerheblich, an welchem Ort Menschen ihr Geld ausgeben. Geld hält sich nicht an nationale Grenzen, sondern fluktuiert ortlos durch die Weltgesellschaft. Und eine politische Macht exekutiert nicht mehr derjenige, der an einem bestimmten Ort auf dem Berg sitzt und bestimmte Straßen und Kreuzungen kontrolliert, sondern der seine Legitimation durch ein spezifisches Wahlverfahren erhalten hat und durch öffentliche Verwaltungen an den Mann bzw. die Frau bringt. Nur in Sondersituationen muß die Politik beweisen, daß sie auch Räume kontrollieren kann. Mit Heraufkunft der Massenmedien konnte die Politik ihre Machtressource von der Bindung an bestimmte Räume entkoppeln. In der modernen Gesellschaft haben sich politische Parteien von einer Politik auf der Straße emanzipiert. Reden vor einem dort versammelten Publikum machen für einen Politiker nur dann Sinn, wenn die elektronischen Augen und Ohren der Medien ebenfalls da sind und die Botschaft anschließend an die Mehrzahl der körperlich nicht Anwesenden übermitteln. Auch das Parlament als räumliches Substrat einer demokratisch verfaßten Politik ist schon längst nicht mehr der wichtigste Ort, an dem in einem diskursiven Pro und Contra kollektiv bindende Entscheidungen getroffen werden.

Menschen bleiben aber bei aller Abstraktheit gesellschaftlicher Kommunikation und bei aller Technisierung des Personentransports an Körper und Raum gebunden. Hier müssen sie sich arrangieren. Selbst ein Ausweichen in virtuelle Räume setzt immer noch ein Minimum an körperlicher Präsenz und Raumfixierung voraus. Die relative Gleichgültigkeit der modernen Gesellschaft gegenüber Körper und Raum erhöht die Wirkungschance derjenigen Sozialbereiche, die personen-, körper- und raumnah operieren. Mit dem Sport und bestimmten Segmenten der Freizeit- und Reiseindustrie konnten sich spezifische Sozialsysteme und Sozialfiguren ausdifferenzieren, die Menschen gegen den dominanten Trend der Körperverdrängung, Virtualisierung und Abstraktion im realen Raum in Bewegung setzen. Abenteuer- und Extremsportler erscheinen vor diesem Hintergrund als Spezialisten für die Wiedereroberung und Requalifizierung der durch Transport- und Kommunikationstechnik verdrängten und entqualifizierten Zwischenräume. Sie geben die Distanz zum Raum auf und stellen Nähe zu den Elementen her: zum Wind beim Ballonfliegen, zur Erde beim Laufen, Wandern oder Klettern, zum Wasser beim Surfen, Segeln oder Tauchen. In ihren diversen Praktiken lassen sie die verlorengegangene physische Aura des Raumes wiederauferstehen. Vor allem nutzen sie die im Raum vorhandenen und gesellschaftlich weitgehend vergessenen Eigenheiten für ein sinnliches Erleben. Der vormals durch Autos, Flugzeuge, Schiffe oder gar Raketen geschrumpfte Raum wird zurückgedehnt, wenn sich Menschen mit ihren Körpern in ihm fortbewegen. Segler, die alleine die Meere in einem Boot durchqueren oder sich mit anderen in einem »Ocean Race« über mehrere Monate auf allen sieben Weltmeeren duellieren, tun dies typischerweise in jenen Räumen, die ansonsten höchstens noch für den Güterverkehr, die Tourismus- und Reiseindustrie oder die Ernährungswirtschaft von Bedeutung sind. Oft gehen die Akteure in die exotische Ferne, um im Abenteuer die Nähe des Raumes wiederzuentdecken. Indem sie physisch in Echtzeit vor Ort sind, wenden sie sich gegen ein ansonsten gültiges Diktum der modernen Telekratie, nämlich am Raum teilzuhaben, ohne selbst anwesend zu sein.

Wenn Utopie den Ort markiert, den es nicht gibt, und Atopia jenen Raum bezeichnet, »der in der Idee des Utopischen das *Nirgendwo* zum *Irgendwo* steigert« (Willke 2001: 13), thematisiert der Abenteuer- und Risikosport reale Orte, die durch Modernisierung an Bedeutung verloren haben, Orte, an denen Menschen sich aber treffen, einander wahrnehmen, ihre Körper in Bewegung setzen, untereinander konkurrieren und sich in einer Welt des Nicht-Abstrakten und Evidenten ermächtigen und aufs Spiel setzen können. Wenn also die atopische Gesellschaft den Raum marginalisiert, wertet der (Abenteuer- und Extrem-)Sport den Raum auf und läßt ihn zu einer neuartigen Handlungs- und Erlebnisgröße werden. Die sinnliche Erfahrung im Raum und des Raumes wird in einem dezisionistischen Akt restituiert, d.h. als basale Grundlage der Orientierung und Weltverarbeitung in Anspruch genommen, was für das Funktionieren einer Gesellschaft durchaus bedeutsam ist. Schließlich hörte eine Gesellschaft auf zu existieren, wenn Menschen als Umwelt von Gesellschaft nicht mehr in der Lage wären, ihre Körperressourcen und sinnlichen Wahrnehmungs- und Memorierungsleistungen gesellschaftlichen Kommunikationsprozessen zur Verfügung zu stellen oder es verlernten, ihre Körper im Raum zu koordinieren. Die für die Funktionsweise einer Gesellschaft durchaus wichtige Nutzung von Technologien zur Durchquerung des Raumes wäre dann nicht ungefährlich.[48] Selbst die kulturkritische Rede vom »Schwinden der Sinne« (Kamper/Wulf 1984) im Rahmen wissenschaftlicher Kommunikationsgemeinschaften setzt immer noch voraus, daß Sinne vorhanden sind, die das »Schwinden der Sinne« attestieren können.

Der Extremsport hat im Verlauf seiner sozio-kulturellen Entwicklung unterschiedliche Raumregimes ausgeprägt, teilweise sogar regelrechte Raummythen geschaffen: Hawaii für die Mehrfach-Triathleten, den Himalaya für die Extrembergsteiger, die Wellen von Bali, Hawaii und Australien für die Big-Wave-Surfer und bestimmte Wüstenregionen für die Extremläufer und Rallyefahrer. Diese und andere Orte ermöglichen Identifikationen, und sie erzählen, indem man ihre Namen nennt, nicht nur Abenteuer- und Heldenepen, sondern auch magische Raumerlebnis- und Raumbewältigungsgeschichten. Die Weite des Meeres und die Monotonie der Wüste signalisieren nicht nur Erhabenheit und Leere, sie können dem wahrnehmenden Bewußtsein auch Gefühle der Gleichförmigkeit und Ruhe vermitteln – und dies vor dem Hintergrund von Lärm, urbaner Hektik und modernem Streß.

Vor allem vermittelt der dreidimensionale Raum Gefühle der Eindeutigkeit und Konkretheit. Der amerikanische Extrembergsteiger Jon Kracauer (1998: 43) brachte dies wie folgt auf den Punkt: »Den Gipfel eines Berges zu erklimmen, war etwas Greifbares, eine unleugbare Tatsache, etwas Konkretes. Die drohenden Gefahren verliehen dem Ziel eine Ernsthaftigkeit, die meinem sonstigen Leben abging.« In der Tat, der Mount Everest verfügt mit seinen 8.848 Metern über eine bestimmte, metrisch meßbare Raumgröße; er weist verschiedene Klimazonen auf, ermöglicht eine Besteigung nur in einem engen Zeitfenster und zwingt Bergsteiger, ab einer bestimmten Höhe die sogenannte »Todeszone« aufsuchen zu müssen. Und wer durch die Wüste geht, setzt seine Gliedmaßen ein, hat sich mit Hitze, Kälte und Monotonie zu arrangieren. Außerdem ist es nicht möglich, daß Menschen gleichzeitig unterschiedliche Raumorte körperlich besetzen. Wer hier ist, kann nicht dort sein. Der Raum kann aus diesem Grunde als eine gemeinsame Basis des Erlebens und Handelns vorausgesetzt werden für all diejenigen, die gleichzeitig anwesend sind. Der Raum vermittelt weiterhin auch deshalb Evidenzgefühle, weil niemand ernsthaft die Existenz von Bergen, Meeren, Höhen oder Tiefen anzweifeln kann. Ein sonst alle gesellschaftlichen Bereiche durchdringender generalisierter Skeptizismus gegenüber dem, was ist, findet in den real vorhandenen Abenteuer- und Risikoräumen keine Anhaltspunkte.

Die Hinwendung zum Raum und zur belebten und unbelebten Natur ist als Versuch zu werten, Eindeutigkeit und Gewißheit in einer Gesellschaft zurückzugewinnen, die erhebliche Uneindeutigkeiten und Gewißheitsverluste produziert und die eine permanente Veränderung des Status quo zum Strukturprinzip erhoben hat. Die vielen sportiven Ereignisse innerhalb und außerhalb der Städte – ob City-Marathons oder Wüstendurchquerungen – haben demnach auch etwas mit der Selbstevidenz des Raumes und der dort anzutreffenden Sozial- und Dingwelt zu tun.[49] Der Raum läßt sich zwar mit Symbolik überhäufen, aber er ist selbst keine Größe, die verschwindet, wenn ein Beobachter den Blick abwendet. Der Raum besitzt vielmehr »Eigenwerte«. Die berühmte »Zurück-zur-Natur«-Wendung war schon zu Zeiten von Rousseau eine Formel, die gegen die Komplexität einer Nationalgesellschaft gerichtet war, die vor ihrem Take-off im Rahmen des Modernisierungs- und Urbanisierungsprozesses stand und dabei war, alte Evidenzen nachhaltig und sozial beobachtbar zu zerstören.

Der moderne Abenteuersport greift diese Distanzierungsidee auf, indem er zunächst die zivilisationsfernen Räume jenseits der Städte entdeckte: unbekannte Wüsten, Einöden, Berge, Gewässer und Luftregionen. Er knüpft damit an die Entdeckungsreisen, Ballonfahrten, Bergbesteigungen, Meereserkundungen und wissenschaftlichen Explorationen an, die seit der zweiten Hälfte des 18. Jahrhunderts in Europa zu einer Neueinschätzung der Natur geführt hatten, und emanzipiert sich hiervon. Die Berge werden jetzt nicht mehr aus geologischem Interesse heraus erklommen oder um die Kartographie bestimmter Regionen zu verbessern. Und der Mensch erhebt sich nicht mehr in einem Ballon über seine Erdenschwere, um allein den Horizont »zu entdecken« und einen Überblick zu bekommen. All diese Erfahrungen sind bereits verfügbar. Berge, Höhen und Tiefen werden im zeitgenössischen Risiko- und Extremsport vielmehr zu Orten, in denen Menschen Freiheits-, Glücks- und Selbstermächtigungshoffnungen handgreiflich in die Tat umzusetzen versuchen, in denen sie Distinktionsarbeit ableisten und knappe außeralltägliche Erlebnisse zu sammeln trachten.

Abenteuer- und Risikosportler funktionalisieren die Räume für eigene Zwecke um. Sie bewegen sich nicht durch den Raum, um anschließend anderweitige Arbeitsvollzüge zu erledigen – wie der Autofahrer oder Fußgänger, der die urbanen Zentren durchquert, um anschließend im Büro körperferne Tätigkeiten auszuführen. Die Raumbewältigung ist in vielen Extremsportarten nicht Mittel zum Zweck, sondern das Ziel bzw. das Problem, das es zu bewältigen gilt. So erwandern Extremsportler Steinwüsten, erklimmen Bergspitzen, lassen sich vom Wind treiben, reiten auf Wellen oder widersetzen sich der Eigendynamik des Wassers in Stromschnellen und Strudeln. Sie krallen sich an Felskanten fest, biwackieren auf schmalen Felsvorsprüngen, tauchen in unterirdische Grotten oder erobern die Stratosphäre in höhenfähigen Ballons.

In der Exploration und Bewältigung des durch Modernisierung verdrängten Raumes zu Wasser, zu Lande und in der Luft sind Abenteuer- und Extremsportler in einer bemerkenswerten Weise »unzeitgemäß«. Denn Menschen haben es heute nicht mehr nötig, zu wandern oder zu klettern, wenn sie beispielsweise Berge zu überwinden trachten. Schließlich gibt es Autos, Straßen, Tunnel und Flugzeuge. Und man muß auch nicht schwimmen, segeln oder rudern, um die Ozeane zu durchqueren. Wo Fluggeräte oder andere Transportmaschinen den Raum überwinden helfen, müssen sich Menschen nicht mehr direkt in ihrer Körperlichkeit auf den Raum einlassen und all die Gefahren in Kauf nehmen, die hiermit verbunden sind. Und wo Hochhäuser mit Treppen und Aufzügen eine Bewältigung der Vertikale ermöglichen, macht es zunächst wenig Sinn, an der Außenhaut der Gebäude emporzuklettern und dabei Kopf und Kragen sowie eine anschließende polizeiliche Verhaftung zu riskieren.

Gerade weil der Raum und die in ihm vorhandenen Erhebungen, Tiefen und Entfernungen immer unwichtiger für die Abwicklung gesellschaftlicher Kommunikationen geworden sind, hat der Abenteuer- und Extremsport eigenständige Gegenmodelle zur dominanten Raumnutzung ausdifferenzieren und dauerhaft stabilisieren können. Die Atopie, die Ortlosigkeit der modernen Weltgesellschaft, kontert dieses Sportmodell durch die Ermöglichung einer personalen Präsenz im realen Raum. Ihr stellt er spezifische Raumofferten entgegen, die Menschen dankbar als Orientierungspunkte des Erlebens und Handelns in Anspruch nehmen.

Die Dringlichkeit, räumlich auf Distanz zu gehen, um Raum und Körper wiederzuentdecken, hat sich seit Anfang des 20. Jahrhunderts deutlich verschärft. Ein Großteil der Menschen wohnt heute in städtischen Agglomerationen. Die Komplexität der Gesellschaft und die von ihr hervorgerufene Kompliziertheit der individuellen Lebensführung werden deshalb in diesen Räumen in besonders drastischer Weise erlebt. Belastungssyndrome entstehen infolge der städtischen Trennung von Öffentlichkeit und Privatheit, der räumlichen Distanz zwischen Wohnort und Arbeitsplatz sowie der Versachlichung, Anonymisierung und Parzellierung der Lebensverhältnisse. Die Abstraktheit, Technisierung und Körperdistanzierung, die das »Projekt der Moderne« erst ermöglicht haben, rufen gerade in den Städten »moderne« Erfahrungen und Schockwirkungen hervor. Nicht umsonst sind es gerade die städtischen, und nicht die agrarisch bestimmten Lebensformen, die zum Inbegriff der Modernität geworden sind (Bette 1989: 65ff).

Was gerade die Städte nach ihrem explosionsartigen Wachstum ab Mitte des 19. Jahrhunderts an Erfahrung möglich machten, war der Zusammenhang zwischen der Expansion eines kapitalistisch organisierten Marktes und dessen Ausstrahlung auf die Lebensumstände und die psychische Innenwelt der dort lebenden Menschen. Das neuartige Tempo, die Zusammenballung vieler Menschen auf engstem Raum, die Vernetzung unterschiedlicher Funktionen konturierten die Psyche auf eine bislang unbekannte Weise. Am Beispiel der Großstadt ist, so Georg Simmel (1957), der Dualismus von Individuum und Gesellschaft besonders deutlich erkennbar. Die Städte werden deshalb, auch wenn es sich meist nur um kurze zeitliche Abwesenheiten handelt, mit Hilfe von Regenerationserwartungen, Abenteuerhoffnungen und Anti-Zivilisationsvorstellungen verlassen. In den Städten geht vom Nicht-Urbanen eine starke Anziehungskraft aus. Die Hoffnung spielt mit, daß der einzelne Akteur dadurch, daß er sich in seiner diffusen Gesamtheit in die Natur hineinbegibt, die Hektik, Abstraktheit und Unnatürlichkeit des modernen Lebens gegenbalancieren und sein wahres authentisches Selbst finden könnte.

Die Suche erfolgt in Situationen, die mit Entdifferenzierung, Unterkomplexität, Konkretheit und scheinbarer Zivilisationsferne zu tun haben. Körperaktivität in außerurbanen Räumen wird zu einem Symbol für Gewißheit, Natürlichkeit und individuelle Autarkie. Außerhalb der Städte können Menschen auf Distanz zu den sichtbaren und hörbaren Ausprägungen der Moderne gehen, sich der sozialen Dichte in den Großstädten und den dort installierten Sichtbarkeitsverhältnissen entziehen, gegen die Geräusch- und Klangkulisse des urbanen Lebens angehen und der Technisierung und dem hektischen Treiben entfliehen. Das Bedürfnis nach einem einsamen Handeln, nach Stille und Naturnähe, wie es im Trekking, beim Höhenbergsteigen, Tauchen oder Einhandsegeln vordergründig wird, ist eine Reaktion auf die

Dominanz genau entgegengesetzter Erlebnisse. Die Erfahrung des Alleinseins in großen Räumen ist dort ein knappes Gut, wo einzelne Menschen in der Regel von Massen umgeben sind und diesen nicht ausweichen können. Für nicht wenige Extremsportler scheint der menschenleere Raum in der Zwischenzeit die Qualität eines ersatzreligiösen Raumes angenommen zu haben, dessen Immanenz in besonderer Weise überzeugt und Erlösung zu geben verspricht.

Das Aufsuchen und die quasi-religiöse Verehrung naturaler Räume in der Phase fortgeschrittener Modernität reflektiert in instruktiver Weise die veränderte gesellschaftliche Bedeutung der Natur. Nach dem »Tode Gottes« (Nietzsche) verschwindet das Heilige nicht, sondern schlägt sich an anderen Stellen in vielerlei Gestalt nieder: In der Wirtschaft erhält das Geld den Status eines anbetungswürdigen Gutes. Geld ist Gott, wie Georg Simmel (1989) in seiner Philosophie des Geldes bereits bemerkte. In der Politik erhält die Macht einen gottähnlichen Nimbus, weil sie zur Folgebereitschaft verpflichtet. Wer Macht hat, kann Gott spielen und die Prämissen des eigenen Handelns verpflichtend als Handlungsprämissen für andere durchsetzen. Und wenn die Komplexität der Gesellschaft ins Bewußtsein ihrer Mitglieder tritt, das Leben als vielschichtig und widersprüchlich erfahren wird, »beten« nicht wenige mit der Natur jene Größe an, die permanent anwesend ist, wichtige Lebensgrundlagen bietet und mit den eigenen Sinnen noch wahrnehmbar ist. Im Meer der Unsicherheit werden Wasser, Luft und Erde zu Fluchtpunkten der Sinnhaftigkeit. Das einst als gefährlich Wahrgenommene erfährt eine positive Umdeutung, nicht zuletzt auch deshalb, weil es mit Hilfe technischer Errungenschaften gelungen ist, das Wilde zumindest ansatzweise zu zähmen und gesellschaftlich zu vereinnahmen.

Die außerurbanen Abenteuer- und Risikoräume besitzen »liminale« Qualitäten (vgl. Turner 1995: 28ff): sie liegen in jenen Zonen, in denen die meist urban basierten Großorganisationen ihre Machtbefugnisse – wie in der Stadt – nicht direkt und für jedermann einsehbar durch strikte Regeln exekutieren und markieren können und in denen alternative Handlungsoptionen deshalb durchsetzbar sind. Sicherlich, auch die Besteigung des Mount Everest ist inzwischen ein durch Organisationen regulierter Vorgang. Und auch andere Regionen unterliegen dem Hoheitsanspruch diverser organisatorischer Instanzen.

Aber es macht einen Unterschied, ob man sich in den urbanen Zonen bewegt und auf Schritt und Tritt auf Verkehrszeichen, Polizisten, Autos, Straßen, Brücken, Häuser, Wegerechte und allgemein verpflichtende Verhaltensvorschriften trifft oder – nach Bezahlung eines bestimmten Entgelts – in ein Gebiet einsteigt, das keine Verbotsschilder kennt und in dem man die Freiheit besitzt, auch final scheitern zu können. Die ablehnende Haltung bekannter Bergsteiger gegenüber dem anschwellenden Himalaya-Tourismus ist angesichts dessen als eine Reaktion auf den drohenden Verlust liminaler Räume zu verstehen. Denn Liminalität kann durch Massennutzung einen Auraverlust erleiden, weil Massen in der Natur quasi-urbane Verhältnisse installieren, die nur durch eine umfassende Verregelung zu steuern sind. Das Ausweichen einiger Abenteuerprotagonisten in die Horizontale der Eiswüsten erscheint dann auch als eine Maßnahme, mit der die Möglichkeit eines wilden Grenzgängerlebens in der Liminalität außerurbaner Räume verteidigt werden soll. Es handelt sich in diesen Protesten nicht nur um Strategien der Absicherung avantgardistischer Einzigartigkeit, sondern auch um die Verteidigung liminaler Territorialität.

Daß der Raum des Abenteuers – wie zum Beispiel der Himalaya – ein liminaler Sonderraum ist, in dem ansonsten gültige Regelungen und Gesetze ihre Bedeutung weitgehend verloren haben, zeigt der Umgang mit den hier Gescheiterten.[50] Tod und Leiden erscheinen im Abenteuerraum nicht als sinnlos, sondern als Ergebnisse fehlgeschlagener Selbstermächtigungsversuche. Werden in den gesellschaftlichen Alltagssituationen tote Körper schnell beseitigt und der Wahrnehmung der Zeitgenossen entzogen, verbleiben tote Extrembergsteiger dauerhaft in den konservierenden Zonen der Abenteuerräume. Dieser Verstoß gegen ansonsten übliche Verhaltensstandards verweist nicht nur auf Schwierigkeiten, die Körper-Relikte zu finden oder aus diesen Räumen abzutransportieren. Man ehrt die Toten vielmehr auch dadurch, daß man sie dort beläßt, wo sie sich als Lebende in einem Akt der Hingabe für ihre Sache aufzuopfern bereit waren und den Elementen trotzten, letztlich aber unterlagen. Wer an der Route stirbt, wird in Gletscherspalten oder Schneewächten »beerdigt«. Anders formuliert: Auf der Walstatt des Abenteuers zollt man den Abgestürzten, Erschlagenen, Erfrorenen und Verschütteten dadurch Achtung, daß man sie nicht dorthin zurückbringt, wo sie herkamen. Die Toten dürfen weiter an der Liminalität der Abenteuerräume teilhaben. Sie geben diesen Räumen durch ihre Anwesenheit eine Aura der Ernsthaftigkeit und Demut. Die Toten »sagen« in drastischer Weise, daß man hier »in der Tat« auch endgültig scheitern kann. Den Lebenden dienen sie damit als Verstärker des eigenen Lebendigkeitsbegehrens. Der Tod wird so subtil zu einem Motor der individuellen und kollektiven Sinngebung.

Der Abenteuer- und Extremsport findet heute aber nicht nur außerhalb der Städte in naturalen Situationen statt. Die Stadt und die durch Menschen hergestellten Großtechniken sind mit ihren spezifischen Erlebnismöglichkeiten seit den siebziger Jahren des letzten Jahrhunderts ebenfalls ins Visier der Extremsportler geraten. Die Topographie der Metropolen wird seitdem von ihnen genutzt, um alternative Erfahrungen zu sammeln und die dort vorfindbaren Sichtbarkeitsmöglichkeiten auszuschöpfen. Hier läßt sich das Unbekannte im Bekannten, das Spektakuläre im Alltäglichen und das Riskante im Risikoverdrängenden suchen und finden, kurzum: hier können Menschen direkt und ohne Umschweife ihr Streben nach Selbstermächtigung vorführen und eine entsprechende Distinktionsarbeit ableisten. Das Abenteuer findet jetzt an den Wänden von Hochhäusern, Brükken, Türmen oder Monumenten statt. Extreme Praktiken sind aber auch auf den Straßen und Plätzen zu beobachten, weil sich diese Transitions- und Verweilräume aufgrund ihrer Asphaltversiegelung in besonderer Weise für spezifische Schnelligkeits- und Virtuositätsaufführungen eignen.[51] Abenteuersportler naturalisieren damit die technisch-industriell hergestellten Artefakte der modernen Zivilisation, die Menschen zur Zähmung der Natur und zur Entlastung ihrer eigenen Körperlichkeit entwickelt haben, und berauben sie ihrer ursprünglichen Funktion.

Hochhäuser sind Materialitäten der Moderne, stein- und stahlgewordene Kathedralen, in denen Menschen zunächst sitzend für Verwaltungs- und Bürokratiezwecke arbeiteten. Erst später entdeckten die Architekten und Stadtplaner die Höhe auch für das Wohnen in den Innenstädten. An diesen Gebäuden ohne Seil und doppelten Boden emporzuklettern oder sich von Turmspitzen oder Brücken mit einem Fallschirm oder einem Paraglider in die Tiefe zu stürzen, bedeutet damit auch, gegen eine Logik auf Distanz zu gehen, die Menschen zweckökonomisch durch den Raum befördert, meist nur in Arbeits- oder Konsumrollen nachfragt, lediglich in Ausschnitten wahrnimmt, untereinander isoliert und ihre Körperbewegungen auf ein Minimum reduziert. Sich den in der urbanen Topographie eingespeicherten Zeichen und Handlungsanweisungen zu widersetzen, vielmehr ein eigenes Benutzungsskript zu schreiben, gegen das alte zu opponieren und dem neuen auch dann zu folgen, wenn Strafen drohen, verweist auf ein Selbstermächtigungsbestreben, das sich direkt und in einer beobachtbaren Weise gerade dort auszuleben versucht, wo Organisationen die Selbstermächtigung ansonsten strikt begrenzen und kontrollieren.

Die in den Städten angesiedelten Organisationen beeinflussen Menschen nicht nur in ihren Köpfen und Körpern, sondern disziplinieren sie auch in ihrer Raum- und Zeitnutzung. Rollenpflichten und Rollenrechte koinzidieren meist mit bestimmten räumlichen Anwesenheitsrechten und -verboten. Büros, Fabriken, Schulen, Militäreinrichtungen und Sportstadien bringen Rolle, Position, Körper, Raum und Zeit miteinander in Einklang, stellen funktionierende Schnittmengen her. Aus diesen engen Kopplungen können Menschen allerdings auch ausbrechen. Sie klettern dann an Monumenten und Gebäuden hoch und verabenteuerlichen diese für ihre Risiko- und Sportzwecke. Das illegitime Base Jumping von Hochhäusern, Brücken oder Staudämmen ist vor diesem Hintergrund ein Sinnbild für das bewußte Herausfallenwollen aus eingeschliffenen Raum-, Zeit- und Sozialkonfigurationen. Außerdem individualisiert Abweichung stärker als Normkonformität. Devianz hebt heraus und macht den einzelnen im Feld der Angepaßten sichtbar.

Felix Baumgärtner, ein österreichischer Extremsportler, kommentierte in einem Film (»Der Ikarus Kick«, ZDF 2003) seine illegitimen und medial inszenierten Gleitschirmsprünge von der Golden Gate Brücke in San Francisco, der Jesusstaue in Rio de Janeiro und von den Petrona Towers in Kuala Lumpur mit den Worten: »Was mich natürlich auch reizt an diesem Sport, ist dieses Illegale. Das heißt: wenn du rauf willst auf ein bekanntes Gebäude, dann muß ich mich sehr gut vorbereiten, um da rein zu kommen. Ich muß ein bißchen ein Psychologe sein, muß ein sehr guter Techniker sein, muß mich in andere

Leute reinversetzen können, muß mir überlegen, wenn ich dort Securitymann wäre, was würde ich machen, damit da keiner raufkommt. Und das sind all so Sachen, die nicht ein lästiges Übel sind für mich, sondern die Teil der Vorbereitung sind, die mich wahnsinnig interessiert.«

Wo auch immer das neue Raum- und Individualitätserleben stattfindet und wie auch immer Menschen es in Szene setzen, ein Zusammenhang verbindet die diversen Praktiken: Der Raum des (Extrem-)Sports ist konkret und nicht imaginiert, wie beispielsweise der Raum im Fernsehen oder im Kino, der als reine Illusion auf die Leinwand oder den Bildschirm projiziert wird und der sofort verschwindet, wenn das Licht angeht oder der Fernsehapparat ausgeschaltet wird. Der moderne Risikosport reduziert die Teilhabe an der Welt nicht auf die Zweidimensionalität einer Buchseite oder einer Leinwand. Drachenflieger, Mountainbiker, Bungeespringer und Höhenkletterer gewinnen die dritte Dimension des Raumes zurück. Hier wollen sie sich selbst neu und anders erleben, hier können sie allerdings auch final scheitern. Der Raum des Sportabenteuers setzt sich demnach in einer markanten Weise von jenen abstrakten oder auch virtuellen Räumen ab, mit denen Menschen häufig in ihrem Arbeitsalltag und in ihrer Freizeit zu tun haben.

# 8 Rückeroberung der Gegenwart

Moderne Gesellschaften haben nicht nur den Raum »getötet« und marginalisiert, wie Heinrich Heine 1843 in Beobachtung der ersten Eisenbahnreise von Paris zur französischen Küste bemerkte, sie haben auch das Gegenwartserleben schrumpfen lassen. Die Erfahrung eines verkürzten Aufenthalts in der Gegenwart ist als Konsequenz fortgeschrittener Differenzierung zu verbuchen. Eine Gesellschaft, die eine Vielzahl von Funktionsbereichen ausgegliedert hat, die jeweils eigene autonome Zeithorizonte entwickeln und diese in Gestalt von Erwartungen an inkludierte Personen herantragen, verändert das Temporalbewußtsein der Menschen in eklatanter Weise. Ausdifferenzierte Sozialbereiche laufen nämlich strukturell und prozessual auf hohe Geschwindigkeit hinaus. Ein Sozialbereich, der eine Funktionserfüllung im Sinne einer primären Zuständigkeit durchsetzen konnte, beschleunigt sich zunächst einmal selbst, weil er die eigenen Möglichkeiten ausschöpfen will. Er wird zudem beschleunigt, wenn er auf externe Bezugssysteme trifft, die seine Ausrichtung in eigener Sache nutzen wollen. Man denke in diesem Zusammenhang nur an die beschleunigte – und potentiell personen- und körperüberfordernde – Rhythmik spitzensportlicher Wettkämpfe infolge der fortschreitenden Kommerzialisierung und Medialisierung einiger Sportarten.

Ausdifferenzierte Funktionssysteme besitzen zudem keine Stoppregeln, um das eigene Tempo zu verlangsamen bzw. die an der bestmöglichen Funktionserfüllung festgemachte Steigerungsrationalität zu beschneiden.[52] Einem 100m-Läufer kann man aus sportlichen

Gründen nicht abverlangen, etwas weniger schnell zu laufen; und einem Wissenschaftler ist aus wissenschaftsinternen Gründen nicht zuzumuten, etwas weniger Wahrheit zu produzieren. Gründe, dies zu verlangen, können nur von außen, durch Mittelknappheit, oder innen, durch Reflexion, also durch eine Interdependenzunterbrechung, gesetzt werden. Beschleunigung sei deshalb insgesamt, wie Zeittheoretiker sagen, die temporale Signatur der Moderne – und Streß das Erlebniskorrelat derjenigen, die über strukturelle Kopplungen daran teilhaben.

Waren gering differenzierte Gesellschaften, beispielsweise tribale Kulturen, noch eng an die Rhythmik der Natur, an den Wechsel von Hell und Dunkel sowie an die Wiederkehr der Jahreszeiten angelehnt, hat sich die moderne Gesellschaft von zyklischen und naturalen Vorstellungen weitgehend emanzipiert und eigenständige Zeitperspektiven ausgeprägt. Fabriken laufen heute rund um die Uhr und inkludieren Menschen im Rahmen von Schichtarbeit. Künstliche Sonnen machen die Nacht zum Tag und erweitern die Möglichkeiten des Handelns. Aber nicht nur Innovationen wie die Erfindung der Elektrizität sorgten für einen veränderten Umgang mit dem Phänomen Zeit. Nach dem Bedeutungsverlust religiöser Kosmologien und Heilslehren nehmen Menschen Geschichte nicht mehr als göttlich vorherbestimmt wahr. Die Vergangenheitsorientierung gegenwärtigen Handelns wird mit Beginn der Neuzeit durch eine strikte Zukunftsorientierung ersetzt. Der maßgebliche Motor für die Ausrichtung auf Zukunft und die Abwertung von Gegenwart ist im Differenzierungsprinzip der modernen Gesellschaft angesiedelt. Die in den einzelnen gesellschaftlichen Teilbereichen produzierten überschüssigen Handlungsoptionen fallen heterogen aus und können zusammen nicht mehr gleichzeitig realisiert werden. Das Zukünftige wird damit zum Fluchtpunkt einer Gesellschaft, die ihre Komplexität zu temporalisieren hat.

Wenn sich nicht alle anstehenden Erfordernisse und Handlungsentwürfe im Hier und Jetzt erfüllen lassen, kann man sie zumindest in die Zukunft schicken und auf eine spätere Lösung hoffen. Planung und gezielte Steuerung werden notwendig, um die als kontingent wahrgenommene Zukunft gestaltend in den Griff zu nehmen. Das Gegenwartserleben gerät unter Druck und erscheint als permanent defizitär. Es verkommt zu einer Erfahrungsgröße, die, wenn man sie festzuhalten versucht, gleich wieder entschwindet. Erkennbar wird das spezifisch moderne Zeitbewußtsein, wenn Menschen im Rahmen von Urlaub oder anderen Time-out-Situationen in Gesellschaften mit einem geringeren Differenzierungsgrad reisen. Hier ruht die Gegenwart, weil sie nicht mit einem komplexen Handeln gefüllt ist – und läßt sich genau deshalb zumindest kurzfristig von den Mitgliedern funktional differenzierter Gesellschaften als Ruhe- und Erholungsraum nutzen.

In einer Gesellschaft, die das Erleben und Handeln ihrer Mitglieder futurisiert, versprechen Abenteuer und Risiko eine kurzfristige Abhilfe. Sie verweisen nicht auf Zukunft, sondern offerieren Gegenwart. Hierauf wies bereits Georg Simmel (1911, zitiert nach 1983: 27) in seinem Aufsatz über das Abenteuer hin. Er bezeichnete den Abenteurer als »Gegenwartswesen«. Er dachte hierbei nicht an Extrem- und Risikosportler, sondern nannte explizit zwei Akteurtypen, nämlich erstens die Sozialfigur des Spielers und zweitens Casanova als erotisch-sexuellen Abenteurer. Bei beiden »verschlang der Rausch des Augenblicks (wobei ich den Akzent mehr auf Augenblick als auf Rausch legen möchte) die Zukunftsperspektive mit Haut und Haaren.«

Aus der Simmelschen Analyse läßt sich Interessantes für das Phänomen des modernen Abenteuer- und Extremsports ableiten. Die Risikoepisoden, denen sich Menschen hier stellen, erhalten die Funktion, linear und gleichförmig verlaufende Zeit durch spannende, herausfordernde Ereignisse zu interpunktieren. Vor allem entfuturisieren Risiko und Gefahr das Erleben und Handeln derjenigen, die sich auf die Daseinsform des Extremsportlers einlassen. Die jenseits der Alltagsroutine angesiedelte Auszeit für das Abenteuer wird zu einer Time-in-Situation, in die sich Menschen freiwillig und bewußt hineinbegeben, um in ein rauschhaftes Zeitgefühl hineinzufallen. Vergangenheit, Gegenwart und Zukunft verdichten sich im Abenteuer zu einem punktuellen Erleben, in dem nur der nächste Schritt, der nächste Haltegriff, die nächste Sicherungsmaßnahme zählt. Man könnte hier – mit Alois Hahn (2000: 157) – von einer »Hypertrophie des Präsens« sprechen. Die Spaßsemantik des Abenteuer- und Risikosports drückt aus, worum es geht. Spaß als modernes Apriori, dem man sich heute mit guten Argumenten nicht mehr widersetzen kann, ist das Erlebniskorrelat einer extrem geschrumpften Gegenwartserfahrung.

Seitdem die Jenseitsversprechen der Religion viele Menschen nicht mehr überzeugen können, Utopien wie der Sozialismus in den Niederungen des Alltags kläglich gescheitert sind und die Zukunft vielen Zeitgenossen als Risiko erscheint, verspricht die Wendung zu Abenteuer, Sport und Körper einen Fluchtpunkt für das Hier und Jetzt. Der Mensch wird zum Gegenwartsmenschen, weil das Risiko Körper, Bewußtsein und Handeln durch Totalisierung und Wahrnehmung synchronisiert und entfuturisiert. Die visuelle, taktile, olfaktorische und auditive Teilhabe an der Welt funktioniert in der Gegenwart: Ich sehe, fühle, rieche, höre und be-greife die Welt jetzt, und nicht in der Zukunft oder in der Vergangenheit. Der Körper gibt den Rhythmus vor. Er ist Taktgeber für Fortbewegung und Stillstand, für Essen, Schlafen und Regeneration. Er kann zur Umkehr zwingen oder sich gänzlich dem Wollen der Akteure verweigern.

Im zeitgenössischen Abenteuersport und Risikoboom zeigt sich eine Sehnsucht nach dem Gefühl einer erfüllten Gegenwart. Es geht nicht um ein Handeln in langen, unüberschaubaren Handlungsketten, die sich irgendwo in der Zukunft verlieren. Gerade weil die Zukunft nicht mehr – wie in der Vormoderne – durch die Vergangenheit garantiert werden kann, wächst offensichtlich der Bedarf an kompensierenden Gegenwartserfahrungen. Die so hergestellte Rausch- und Glückserfahrung, von der viele Extremsportler immer wieder berichten, läßt sich bis zur Sucht steigern. Haben Extremsportler bestimmte Abenteuer bestanden, werden die nächsten geplant, weil die Gegenwart ohne ein Abenteuerprojekt als leer erscheint. Bereits der Abstieg von einem Berg wird von vielen als ein negatives Ereignis wahrgenommen, das es schnell zu überwinden gilt. Die Aufgabe ist erledigt, das Projekt, das über einen längeren Zeitraum sinnstiftend wirkte, steht nicht mehr zur Verfügung und muß durch ein anderes ersetzt werden.

Das Riskante und Anstrengende versprechen im übrigen nicht nur Spaß, Lebendigkeit und Angstlust im Augenblick des Vollzugs, sondern werfen einen weiteren temporalen Mehrwert ab: Sie lassen sich zusätzlich für eine zukünftige Erinnerungsarbeit aufbewahren. Das Extreme macht den gelebten Augenblick, der ansonsten unwiderruflich vorbei wäre, memorierungsfähig. Reinhard Karl (zitiert in Dauer 2002: 11), der erste Deutsche auf dem Mount Everest, schrieb hierzu: »Aber die Berge gaben mir viel. Vielleicht ist es am Berg so wie mit dem Aufstieg. Weil es so anstrengend ist, nach oben zu kommen, bleibt es so stark im Bewußtsein.« Die markante Einzeltat brennt sich, weil sie außeralltäglich ist und über Anfang und Ende verfügt, nachhaltig ins Erleben ein. Das Erleben erhält durch das Risiko eine über den Moment hinausreichende Qualität. Das Flüchtige verschwindet nicht, sondern kann für zukünftige Erlebnisgegenwarten aufbewahrt werden. Der »Kick« bleibt als memorierter Kick erhalten – insbesondere dann, wenn moderne Speichertechnologien ihn auf Dauer stellen. Der einzelne kann nach gelungenen Projekten, gleichsam mit dem Rücken zur Zeitrichtung, auf die Geschichte selbst durchgeführter Ermächtigungstaten zurückblicken. Das Abenteuer erhält, weil es sich aufgrund seiner Außeralltäglichkeit tief in Bewußtsein und Körper eingräbt, die Funktion einer Gedächtnisstütze, anhand derer Menschen die eigene Biographie- und Selbstvergewisserungsarbeit rekonstruieren und mit Sinn ausstatten können. Der Projektcharakter des Abenteuers vermittelt dem Subjekt zudem Gefühle der Überschaubarkeit und Machbarkeit. Anfang und Ende des Handelns liegen eng beieinander und lassen sich in einer leicht nachvollziehbaren Weise aufeinander beziehen.

# Schlußbetrachtungen

Auch wenn die modernen Abenteuer- und Extremsportarten in ihren äußeren Formen unterschiedlich ausfallen und in ihrer Vollzugsdauer, Riskanz, räumlichen Dispersion und sozialen Inklusion stark variieren, läßt sich Generalisierbares aus all diesen Betätigungen ableiten. Die verschiedenen, modelltheoretisch rekonstruierten Sinnelemente lassen dieses Sportmodell zunächst als ein überdeterminiertes Phänomen erscheinen. Ein einzelnes Element reicht bereits aus, um ein Interesse am Riskanten zu begründen. Die einen suchen den Thrill der außeralltäglichen Herausforderung oder wollen sich durch Rekorde und extravagante Tätigkeiten sozial sichtbar machen. Die anderen streben eine Wiederbelebung ihrer Sinne an oder sind davon fasziniert, am unterkomplexen Leben in überschaubaren Kleingruppen teilzuhaben, deren Mitglieder ein eng begrenztes Ziel solidarisch zu erreichen versuchen. Auch die Idee der Selbstermächtigung hat in einer Gesellschaft, in der das Handeln von Personen vornehmlich im Rahmen organisatorisch regulierter Milieus stattfindet, einen besonderen Reiz. Eine hohe Nachfragestabilität entsteht dadurch, daß die verschiedenen Elemente sich wechselseitig verstärken und überlappen. So bedient sich die moderne Subjektaufwertung auch der Strategie der Individualisierung und Distinktion. Offenbar erhält der Prozeß der Selbstermächtigung besonders dann eine qualitativ hochstehende Bewertung im eigenen Erleben, wenn externe Beobachter ihn durch bewundernde Blicke oder Äußerungen beglaubigen. Ein Sich-Produzieren vor anderen kann wiederum Gefühle der Langeweile und Leere vertreiben. Und eine Aufwertung des Körpers und der Sinne findet statt, wenn Menschen den realen Raum aufsuchen, um dort Evidenz- und Lebendigkeitserfahrungen zu sammeln.

Die zu Wasser, zu Lande und in der Luft stattfindenden Abenteuer- und Risikoaktionen entstehen nicht aus dem Nichts, sie werden vielmehr durch Handlungsvorbilder und Semantiken, kommunikativ abgelagerte Sinnerfahrungen, stimuliert und beeinflußt. Menschen kommen nicht umhin, auf Formatierungen zurückzugreifen, die ihnen die kommunikative Sphäre der Gesellschaft in Gestalt von Reiseerzählungen, Memoiren, Expeditionsberichten, Romanvorlagen, Fotos oder Filmen als Empfindungs- und Deutungsschablonen und Wahrnehmungsfilter anbietet. Die bereits in den stratifizierten Gesellschaften Alteuropas entstandene Abenteueridee beeinflußt auch in der Moderne das Verhalten nicht weniger Akteure, allerdings in veränderter Form und Bedeutung. Offensichtlich regen die auf allen Dimensionen des menschlichen Erlebens und Handelns beobachtbaren Konsequenzen des gesellschaftlichen Wandels personale Reaktionen und Copingstrategien an, die auf das Konzept der Außeralltäglichkeit, des Ausbruchs und des Überschreitens bislang akzeptierter Grenzen zurückgreifen, um es in einer zeittypischen und von alten Sinnüberformungen bereinigten Gestalt wiederzubeleben.

Der Sport kommt als Abenteuer- und Risikofeld ins Spiel, weil frühere Abenteuerfelder durch gesellschaftliche Veränderungen entweder nicht mehr zur Verfügung stehen, Reputationsverluste erlitten haben – man denke nur an die katastrophalen »Kriegsabenteuer« des letzten Jahrhunderts – oder nicht jene »Leichtigkeit des Seins« besitzen, die nur Sozialbereichen zukommt, die keine übergeordnete gesellschaftliche Funktion zu erfüllen haben. Eben weil der Sport nicht notwendig, sondern »überflüssig« ist, ist er für viele Menschen paradoxerweise zu einem unverzichtbaren Muß geworden. Dies gilt in zunehmendem Maße auch für den zeitgenössischen Abenteuer- und Risikosport. Dieses Sportmodell ist – so kann man sagen – eine Antwort auf die Abenteuer- und Risikoverdrängung in der Restgesellschaft.

Die Monopolisierung der Gewalt in Händen des Staates und die Etablierung eines eigenständigen Rechtssystems haben beispielsweise die Notwendigkeit reduziert, daß einzelne Personen für ihr Recht unter Abenteuerbedingungen selbst physisch zu kämpfen haben. Niemand muß heute mehr im Rahmen von Ehrenhändeln zu Degen oder Pistole greifen, um sich vor Rufschädigung oder Ehrabschneidung zu schützen. Schließlich gibt es Gesetze, die Streitigkeiten dieser Art genau regeln und finalisieren. Auch staatlich lizenzierte »Freibeuter« haben es heute nicht mehr nötig, vor Häfen oder Schiffahrtsrouten auf der Lauer zu liegen, um knappe Güter zu akquirieren; international geltende Vereinbarungen und Steuergesetze regeln die Abgabenlast im Weltverkehr automatisch und »sine ira et studio«. Nach dem Ausbau von Straßen, Flugrouten und Wegen sowie dem Aufbau polizeilicher Kontrollorgane ist das Reisen auch nicht mehr das, was es vorher einmal war, nämlich ein großes Abenteuer. Und wer die Neuigkeiten jenseits des Horizontes erfahren möchte, muß sich selbst nicht mehr mit Leib und Leben in Gefahr begeben. Radio, Fernsehen oder Internet entlasten das Subjekt davon, Abenteuer bei der Beschaffung von Informationen und bei der Befriedigung der eigenen Neugier eingehen zu müssen. Der Risiko- und Extremsport bietet vor diesem Hintergrund die Möglichkeit, Abenteuer- und Wagnissituationen in einem sozial entspannten Freiraum freiwillig aufzusuchen und für ein alternatives Erleben und Handeln in Anspruch zu nehmen.

Der maßgebliche Bezugspunkt dieses Sportmodells ist die nichtkommunikative Umwelt der modernen Gesellschaft, vornehmlich der Körper und die diversen Elemente der außermenschlichen Natur. Wasser, Luft und Erde unterliegen eigenen, nicht-sinnhaft gesteuerten Gesetzmäßigkeiten; sie eignen sich gerade deshalb als Fluchtpunkte, an denen individuelle und kollektive Hoffnungen und Sinnansprüche auch abenteuer- und risikoorientiert ankondensieren können. Offensichtlich gibt die moderne Gesellschaft sowohl durch ihre Möglichkeiten als auch durch ihre Restriktionen und Externalitäten genug Gründe, um Menschen dazu zu bringen, primär nicht auf Kommunikation, sondern auf Faktoren der Gesellschaftsumwelt zurückzugreifen, um Zugang zu einem alternativen Erleben und Handeln zu bekommen.

Im Abenteuer- und Extremsport sind vornehmlich Qualifikationen und Kompetenzen bedeutsam, die das Subjekt in seiner psychophysischen Gesamtheit, mit Haut und Haaren, fordern. Es geht nicht um ein Funktionieren von Personen im Kontakt mit anonymen und abstrakten gesellschaftlichen Großsystemen und deren Steuerungsmedien, um ein personales Können beim Abschließen wirtschaftlicher Verträge, eine gelungene Teilhabe an politischen Machtbildungsprozessen oder um die Bewältigung erzieherischer Programme oder wissenschaftlicher Herausforderungen.[53] Handlungserfolge entstehen im Extremsport vielmehr auf der Grundlage psychischer und physisch-organischer Fähigkeiten und Fertigkeiten: durch das Zusammenspiel der Muskeln, die gekonnte Einpassung des Körpers in die Eigengesetzlichkeit naturaler Elemente oder künstlicher Materialitäten, die souveräne Beherrschung technischer Artefakte sowie durch Motivsyndrome, die sich durch Tod, Verletzung und Krankheit nicht abschrecken lassen. Die Verlagerung des Handelns aus der Welt der Kommunikation in die Welt des Körpers, der Psyche und der sensorischen Erfahrungen macht es möglich, daß Menschen ein Handeln vollziehen können, das von den Schwierigkeiten, Konsequenzen, Widersprüchlichkeiten und Unwahrscheinlichkeiten gesellschaftlicher Kommunikation stark entlastet ist.

Die Inanspruchnahme der außergesellschaftlichen Umwelt bietet weitere Vorteile: Kommunikation funktioniert nur dann, wenn eine Information vorliegt, mitgeteilt und verstanden wird. Mindestens zwei Personen müssen beteiligt sein. Eine körperorientierte Wahrnehmung kann hingegen auch einsam gelingen, als ein beiläufiger Prozeß, in dem sich ein psychisches System durch selektive Umweltkontakte irritieren läßt und seine Wahrnehmung gegenüber der eigenen Wahrnehmung als Reflexionssperre einsetzt. Über den Inhalt und die Selektivität der Wahrnehmung läßt sich diskutieren, aber daß es Berge oder Flüsse gibt, ist als Erkenntnis in sich evident – spätestens dann, wenn Menschen in einer aufwendigen und riskanten Weise eine Bergspitze erklimmen oder sich in einen reißenden Strom stürzen und dabei ihre Sinnesorgane gleichzeitig einschalten und Wirklichkeit ihnen geballt entgegentritt. Die reale Realität, die sich durch Kommunikation zwar abbilden, aber letztlich nicht handgreiflich-sensuell erschließen läßt, wird offensichtlich von immer mehr Menschen in Anspruch genommen, um die überfordernden Konsequenzen des gesellschaftlichen Modernisierungsprozesses abzufangen. Der massive Rückgriff auf außergesellschaftliche Größen profitiert von der Erfahrung, daß die Teilhabe an der Gesellschaft Menschen häufig überfordert – selbst dann, wenn sie in ihrer Freizeit unterfordert zu sein glauben. Die Hinwendung zur Eigengesetzlichkeit der außergesellschaftlichen Welt ist eine Maßnahme, mit der Menschen im wahrsten Sinne des Wortes handgreiflich gegen Transformationen der Realität anzugehen versuchen. Situationen eines beschleunigten gesellschaftlichen Wandels provozieren Rückbesinnungen auf das, was als unumstößlich gilt.[54]

Durch die Einpassung des Subjekts in die Eigengesetzlichkeit der gesellschaftlichen Umwelt werden dem Bewußtsein Differenzerfahrungen und Erlebnismöglichkeiten verfügbar gemacht, die sich in einer vergleichbaren Weise durch die Teilhabe an den körperlosen gesellschaftlichen Kommunikationsprozessen nicht sammeln lassen. Menschen als personale Umwelt der Gesellschaft erhalten mit Hilfe des Sports einen selektiven Zugang zur Umwelt von Gesellschaft – nämlich zu sich selbst, der eigenen Psyche und Körperlichkeit sowie zu jenem Sektor, der innerhalb der gesellschaftlichen Semantik als »Natur« firmiert. Aus der Beobachtung der eigenen Körperreaktionen in Gestalt von Angst, Schmerz, Ermüdung, Hunger, Durst oder Sauerstoffarmut können Menschen außeralltägliche Gefühle entwickeln und personale Grenzen errechnen.

Ein Beobachter, der den zeitgenössischen Abenteuer- und Extremsport verstehen und sich selbst und anderen die Frage beantworten möchte, warum Menschen in einer auf den ersten Blick überflüssig erscheinenden Weise ihr Leben und ihre Gesundheit aufs Spiel setzen, wenn sie sich mit Fallschirmen von Hochhäusern, Brücken oder Staudämmen stürzen, in Riesenwellen surfen, Wüstenmarathons absolvieren oder auf die höchsten Berge dieser Erde klettern, hat nicht nur auf die diversen Erscheinungsformen des Abenteuer- und Risikosports zu schauen und Akteure zum Sprechen zu bringen, die Extremes tun. Er hat auch die Gesellschaft zeitdiagnostisch zu analysieren, in der das Extreme stattfindet, und eine nicht-lineare Verbindung zwischen beiden Bezugspunkten, Abenteuer und Gesellschaft, herzustellen. Insbesondere hat er die Konsequenzen zu thematisieren, die sich durch gesellschaftlich-kommunikative Umbauprozesse im Erleben und Handeln von Menschen ergeben haben, und die Auslösefaktoren zu durchleuchten, die Menschen dazu bringen, sich extremsportlich zu engagieren.

Es fällt auf, daß alle genannten Abenteuerelemente ein Moment der Bewahrung von Ungleichzeitigkeit in der Moderne darstellen. Die durch gesellschaftliche Strukturveränderungen »unzeitgemäß« gewordenen personalen Bedürfnisse können im modernen Risiko- und Extremsport in einer spezifischen Weise ausgelebt werden. Kein Wunder also, daß immer mehr Menschen das Abenteuer suchen und den Risiko- und Extremsport finden. In diesem Handlungsfeld hat sich offensichtlich jener Werte- und Mentalitätswandel niedergeschlagen, der das Verhältnis der Menschen zu sich selbst und der sie umgebenden Gesellschaft und Natur seit den sechziger Jahren des letzten Jahrhunderts erfaßt und verändert hat und den die Soziologie seitdem mit den unterschiedlichsten Schlagwörtern und Diagnosen auf den Begriff zu bringen versucht. Helmut Klages (1988: 64ff) beispielsweise vermutete in seinen Studien über die Wertedynamik entwickelter Gesellschaften einen Übergang von einem »nomozentrischen zu einem autozentrischen Selbst- und Weltverständnis«. Der zeitgenössische Abenteuer- und Extremsportler wäre dann jenem »autozentrischen« Akteur gleichzusetzen, der demonstrativ und selbstbewußt »an den Kräften und Kapazitäten der eigenen Person« orientiert ist, sich hedonistisch auslebt, Echtheit und Authentizität sucht und mit jenem »Nomozentriker« nicht mehr viel gemein hat, dem die Pflichterfüllung über alles geht und der sein Selbstwertgefühl vornehmlich »aus dem Vollzug von Zugehörigkeitsrechten und -pflichten« ableitet.

Man kann demzufolge sehr viel über die Wirkungsweise funktionaler Differenzierung und die Durchrationalisierung der unterschiedlichen Lebenswelten lernen, wenn man sich die Risikovorliebe der Zeitgenossen ansieht und extreme Betätigungen nicht isoliert auf Instinkte, Triebe, Gene, hormonal gesteuerte Bedürfnisse, anthropologische Gesetzmäßigkeiten oder autonome psychische Befindlichkeiten zurückführt, sondern hierfür vielmehr die moderne Gesellschaft mit ihren Möglichkeiten, Wirkungen und Verdrängungen in Rechnung stellt. Erst die fortgeschrittene Moderne schafft durch ihre Dynamik die Voraussetzungen dafür, daß Menschen sich freiwillig und ohne Not in einer Sondersphäre des Sozialen in riskante Situationen hineinbegeben können und wollen, um sich dort als Tatmenschen in Szene zu setzen und kurzzeitig ein »wildes« Leben zu führen.

Dieses Argument läßt sich differenztheoretisch verschärfen: Abenteuer- und Extremsportler brauchen die »Wiederkehr des ewig

Gleichen« (Nietzsche), um die Sonderwelt des Abenteuers hiervon abzugrenzen. Sie benötigen den in einem Routinehandeln verstrickten und durch Arbeitsorganisationen getakteten und fremdgesteuerten Alltagsmenschen, um sich als Spezialisten für den Nicht-Alltag ins Spiel zu bringen. Alltag und Routine mit ihren psychischen, sozialen und physisch-organischen Konsequenzen sind das symbolische Korrelat, das Sinnfundament, für die Ausdifferenzierung des Extremsports. Abenteuersportler sind auf die ausschnitthafte Zurichtung des Subjekts und dessen Gängelung und Modellierung in der Organisationsgesellschaft angewiesen.[55] Nur so können sie sich selbst als handlungskräftige Subjekte fühlen und ihre Freiheit genießen und inszenieren. Ohne die in der modernen Gesellschaft erzeugten Entindividualisierungsfolgen, Gewißheitsverluste und Verflüchtigungseffekte traditioneller Realitätskonzepte machten ihre Versuche wenig Sinn, Individualität im Abenteuer aufwendig anzustreben und Realität zu erarbeiten, um dort Partikel des Konkreten, Überschaubaren, Einzigartigen und Evidenten zu finden. Und ohne die modernen Massenmedien und entsprechend verfügbare Freizeitquanten könnten interessierte Beobachter an den Risikoaktionen nicht teilhaben.

Der Abenteuer- und Extremsport ist damit – im Sinne von Michel Serres (1981) – ein Parasit des gesellschaftlichen Modernisierungsprozesses. Um es in einer bildhaften Sprache auszudrücken: Risikoakteure sitzen an einer Tafel, an der sie nicht sitzen möchten, weil das dortige Verweilen in ihrer Weltsicht nur Langeweile, Routine, Masse, Wohlfahrtsorientierung und Sicherheitsfixierung verspricht, aber sie profitieren in einer subtilen Weise von der Existenz dieser Tafel. Wenn nämlich alle riskant und »wild« lebten und sich dem Routinehandeln verweigerten, wäre das Verhalten der Extremen nicht mehr außeralltäglich und distinktionsfähig. Außerdem entfiele jene Sphäre der Sicherheit, die sich strukturell aus dem »Lob der Routine« (Luhmann 1964) ergibt und das Streben nach Unsicherheit und Risiko erst hervorruft. Inzwischen erzeugen Abenteuer- und Extremsportler selbst spezifische Produkte, die sie ihren Mitmenschen zum Nachvollzug oder zur Unterhaltung feilbieten: Ihr Handeln interpunktiert den Ablauf des Üblichen, setzt dem Einerlei das Neue und Überraschende entgegen und ermöglicht Erfahrungen, die im Alltag ansonsten nicht zu bekommen sind.

Damit wird klar: Der Abenteuer- und Extremsport gewinnt seine Sinnhaftigkeit aus dem Vergleich mit dem Nichtabenteuer. Er benötigt eine mitlaufende Beobachtung dessen, was er nicht ist. Extremsportler transportieren in ihren Praktiken Bilder und Geschichten jener dominanten Welt, von der sie sich durch ihre Daseinsform abzugrenzen trachten. Sie etablieren sich gleichsam als die andere Seite einer Differenz, nämlich als Gegenpol zu dem durch Modernisierung ausdifferenzierten Alltag und der dort ablaufenden Zurichtung von Person, Körper und Handeln. Ultratriathleten, Höhenkletterer oder Extremradfahrer fallen auf, weil sie gegen die üblichen Funktionserwartungen des Alltags opponieren, Differenzen setzen und in einer abgegrenzten gesellschaftlichen Enklave einen neuen Bezug zu sich selbst und ihrem Körper herzustellen versuchen. In einer alternativen Weise beschreiben sie damit eine Gesellschaft, die die Inklusion der einzelnen Person hauptsächlich von Körperdistanzierung, Rollenparzellierung, kommunikativer Kompetenz, Abstraktionsfähigkeit, Kopfarbeit, Risikovermeidung und Affektkontrolle abhängig macht. Extremsportler vollziehen eine »Typifikation« im Sinne Husserls: Sie machen auf das Abwesende im Anwesenden ihres Handelns aufmerksam.[56]

Die Welt des Abenteuer- und Extremsports deutet auf allen Dimensionen des menschlichen Erlebens und Handelns auf verdrängte Erfahrungs- und Erlebnishorizonte hin: Vor dem Hintergrund einer Gesellschaft, die Handeln futurisiert, geht es *zeitlich* im Extremsport um das Hier und Jetzt, um das selbstvergessene, rauschhafte Verweilen in der Gegenwart. *Sachlich* konterkarieren Risikoorientierung und Selbstgefährdung die typisch modernen Bestrebungen, nämlich Erwartungssicherheit durch Risikovermeidung und Routinisierung herzustellen. *Räumlich* steht die alternative Rückeroberung verdrängter Territorialität auf dem Programm und *sozial* wird ein Rollenkonstrukt favorisiert, das den »ganzen« Menschen nicht nur mit Haut und Haaren in den Vordergrund stellt, sondern auch sozial sichtbar macht und individualisiert. Strategien der Selbstermächtigung sollen die Verdrängung und Marginalisierung des Subjekts in der Organisationsgesellschaft zumindest kurzfristig außer Kraft setzen. Und der fortschreitenden Verzichtbarkeit des Körpers setzt der moderne Abenteuer- und Extremsport offensiv einen Kontrapunkt entgegen, indem er den Körper als Fortbewegungs- und Explorationsvehikel wieder ernstnimmt und Wahrnehmung rehabilitiert. Im Moment der Selbstgefährdung und Lebensgefahr soll das moderne Subjekt paradoxerweise lernen, nicht nur die Gesundheit und das eigene Leben zu schätzen, sondern auch die verdrängten Sinne wiedereinzusetzen und den gesellschaftlich nur fragmentiert nachgefragten Körper als »Einheit« wahrzunehmen und zu nutzen. Der physische Nahkontakt mit Kälte, Hitze, Trockenheit, Durst und Hunger eröffnet dem Bewußtsein Wahrnehmungshorizonte, die durch Modernisierung verknappt worden sind. Psychische und körperliche Grenzerfahrungen erschrekken unter diesen Bedingungen nicht. Sie werden vielmehr bewußt hergestellt, weil sie Exkludiertes individuell verfügbar machen und das Bewußtsein in einer alternativen Weise mobilisieren und alarmieren.

Folgt man dieser Argumentationsfigur, dann stellt der Risiko- und Extremsport eine gesellschaftlich protegierte Nische dar, die dem modernen Subjekt die Möglichkeit eröffnet, außeralltägliche Erfahrungen zu sammeln, die Üblichkeiten der bisherigen Existenz hinter sich zu lassen und sich vom Alltagskörper und Alltags-Ich loszureißen, um anschließend ein neues Verhältnis zu sich selbst und seinen Alltagserfahrungen einzunehmen.[57] Wenn das Subjekt nicht mehr auf die Sicherheiten vormoderner Identitätskonstruktionen zurückgreifen kann, vielmehr »auf sich selbst geworfen« und gleichzeitig durch Organisationen sowohl gefördert als auch gegängelt wird, werden Situationen und Handlungsformen resonanzfähig, in denen sich die eigene Identität im wahrsten Sinne des Wortes alternativ und neu erarbeiten läßt.

Damit findet im Abenteuersport insgesamt eine bemerkenswerte Umkehr statt: Die Normalität des Alltags und die dort stattfindende gesellschaftliche Zurichtung des Subjekts werden als künstlich beschrieben, um vor diesem Hintergrund das Risikomilieu als natürlich zu markieren. Hier – so zumindest die Hoffnung – könne das Subjekt »jenseits von Gesellschaft« noch Erlösung finden, sich selbst ein Tauglichkeitsattest ausstellen und den Individualitätsbedrohungen durch Vermassung entgehen. Da Wünsche nach Selbststeuerung, Freiheit, Unverwechselbarkeit und individueller Teilhabe die Funktionsweise der modernen Organisationsgesellschaft nicht etwa aufheben und außer Kraft setzen können, bleibt den Mitgliedern der modernen Gesellschaft oft nur der Freizeitsektor, um eigene Individualitäts-, Steuerungs- und Interventionsabsichten zumindest kurzfristig und episodenhaft auszuleben. So kommt es für die Extremsportler zu einer sukzessiv gestaffelten Abfolge von Normalexistenz und Risikoorientierung, von Fremdsteuerung und Selbstermächtigung, von Körperverdrängung und Körperthematisierung.

Soziologisch interessant und gesellschaftlich relevant sind nicht nur das Erleben und das Handeln derjenigen, die aktiv und unmittelbar an den diversen Abenteuer- und Extremsportsituationen beteiligt sind. Ebenso wichtig ist der *gesellschaftliche Diskurs über das Abenteuer.* Dieser erlaubt nämlich eine Inklusion derjenigen, die nur passiv an der Abenteuer- und Risikowelt teilhaben können oder wollen. Quantitativ ist der letztgenannte Aspekt sogar bedeutsamer, denn die allerwenigsten Zeitgenossen sind darauf erpicht, selbst bewußt extremsportliche Risiken in ihrer Freizeit einzugehen. Risikoakteure machen mit ihrer Differenzorientierung auch Erfahrungen, die für ein Erleben aus zweiter Hand gut sind. In einer Gesellschaft, die anderen Prioritäten folgt, sind extremsportliche Grenzgänger soziale Figuren, die *stellvertretend* für die anderen ein wildes, riskantes, entbehrungsreiches, aber auch intensives Leben führen. Indem Extrembergsteiger, Survival-Spezialisten, Apnoetaucher oder Ballonfahrer mit Hilfe der Medien Bilder und Filme ihrer Taten erzeugen und über ihre Empfindungen und Motive kommunizieren, lassen sie auch jene an ihren Erlebnissen teilhaben, die selbst risikoaversiv leben und sich vergleichbare Situationen der Selbstgefährdung und des Leidens nicht zumuten.

In einer Gesellschaft, in der Organisationen Risiken durch strukturelle Vorkehrungen zu entschärfen trachten, um dem einzelnen Subjekt nicht die Last der Kontingenz aufzubürden und die individuelle Arbeitskraft möglichst optimal und störungsfrei zu nutzen, erscheinen Risiko- und Extremsportler ihren Mitmenschen als Inkarnationen einer verdrängten Welt, in der das wilde und extreme Sein noch seinen Platz hat. Abenteuerakteure haben in nicht wenigen Fällen einen Heldenstatus erreichen können, weil sie sich durch das Erbringen außeralltäglicher Leistungen als Spezialisten für die Inklusion des gesellschaftlich Verdrängten installieren konnten. Sie sind Sozialfiguren, die das Exkludierte repräsentieren und personalisieren und damit beobachtbar machen. Leute wie Reinhold Messner, Arved Fuchs oder Rüdiger Nehberg, um nur einige Namen aus dem deutschsprachigen Raum zu erwähnen, speisen durch ihr Handeln Themen in die öffentliche Kommunikation ein, die von einer Welt jenseits der Routine, Sicherheit und Kopforientiertheit berichten. Sie sind damit ein wichtiger Teil der gesellschaftlichen Erinnerungsarbeit. Abenteurer und Risikohelden halten das Verdrängte präsent, indem sie es durch extreme Übersteigerung bis zur Kenntlichkeit verfremden. Das gesellschaftlich Abgeworfene verschwindet demnach nicht ein für allemal, es wird vielmehr nach Maßgabe vorhandener gesellschaftlicher Strukturen umcodiert, in eine entsprechende Programmatik gebracht und den Gesellschaftsmitgliedern als ein aktiv oder auch passiv nutzbares Thema offeriert.

Da Abenteuer- und Extremsportler durch ihre außeralltäglichen Leistungen Aufmerksamkeit erzeugen und sich in einer leicht nachvollziehbaren Weise aus der Masse der Risikoaversiven herausheben, treffen sie in der Zwischenzeit auf die Unterstützung sozialer Instanzen, die mit ihnen ein Distinktionsmanagement und eine Funktionssteigerung in eigener Sache durchzusetzen trachten. Politische, mediale oder auch wirtschaftliche Akteure nutzen das Zeichensystem des Extremsports, um Begleitaufmerksamkeit zu erzeugen und eigene Interessen zu bedienen. Der Abenteuer- und Risikosport hat aufgrund seiner multifunktionalen Verwendbarkeit eine erstaunliche Omnipräsenz im gesellschaftlichen Kommunikationspanorama erreichen können. In einer differenzierten Gesellschaft ist er zu einem polykontexturalen Thema geworden: Die Wirtschaft bedient sich riskanter Abenteuerpraktiken, um in Werbebotschaften auf bestimmte Produkte und Lebensstile hinzuweisen. Die Politik spannt Risikoakteure ein, um nach innen Massenloyalität zu erzeugen und nationale Repräsentanz nach außen zu ermöglichen – man denke nur an den Wettlauf der Nationen, um die Pole zu erreichen, die tiefsten Meere zu ertauchen oder die höchsten Berge zu besteigen.[58] Da extreme Betätigungen spannend und interessant sind, permanente Neuigkeiten produzieren und eine starke Nachfrage erzeugen, berichten zudem die Massenmedien in aller Regelmäßigkeit über alte und neue Risikobewältigungsversuche. Inzwischen sind gerade die privaten Fernsehanstalten sowie einzelne Unternehmen dazu übergegangen, ein »Abenteuermanagement«[59] durchzuführen. Sie informieren nicht mehr nur über Abenteuerereignisse, die auch ohne sie passiert wären, sondern inszenieren die Episoden des Abenteuer- und Risikosports in eigener Regie. Fernsehsender oder Zeitungen organisieren zusammen mit Wirtschaftssponsoren Extremsportvergleiche als Events für ein breites Medienpublikum (Tour de France, Rallye Paris-Dakar, Wüstenmarathons, Rocky-Mountains-Überquerungen, Kontinentumrundungen) und unterstützen die Abenteuertouren bekannter »Grenzgänger«. Menschen werden unter der Beobachtung von Fernsehkameras auf einsamen Inseln ausgesetzt, um im Rahmen moderner Robinsonaden riskante Aufgaben zu bewältigen. Oder man bringt prominente Zeitgenossen dazu, in einem Wüstensetting strapaziöse Abenteuerwettkämpfe und Trekkingtouren durchzuführen. Die Massenmedien bedienen damit systematisch die Ausbruchsphantasien eines Publikums, das selbst nicht auszubrechen bereit oder fähig ist, und offerieren eine Ikonographie der Flucht und Selbstermächtigung: dramatische Bilder und Geschichten von Situationen, in denen es ums Ganze, um Leben und Tod, geht, in denen spektakuläre Erfolge winken, aber auch dramatische Niederlagen passieren können.

In dem Maße, wie funktional differenzierte Gesellschaften in steigendem Maße Personen benötigen, die sich flexibel, souverän und mit einem hohen Maß an Eigenautonomie und Selbststeuerungskompetenz an die komplexen und schnell changierenden sozialen Verhältnisse anpassen können, werden Akteure, die freiwillig Gefahrensituationen eingehen und diese souverän meistern, wegen ihrer Selbständigkeit und Risikobereitschaft prämiert und nachgefragt und mit Hilfe der Medien zu »significant others« hochstilisiert. Falls Extremsportler es schaffen, durch außeralltägliche Taten zu Referenzgrößen zu werden, auf die im gesellschaftlichen Kommunikationsprozeß Bezug genommen wird, können sie einen dauerhaften Heldenstatus erreichen. Den Lesern, Hörern und Zuschauern wird damit die Botschaft übermittelt, daß das Subjekt alleine oder in der Gruppe – bei entsprechender Motivation, Vorbereitung und Unterstützung – trotz hoher Risiken zu großen Taten fähig sein kann. Nicht wenige Extremsportler und Abenteurer haben aufgrund dieser Mechanik aus ihrem zeitlich begrenzten riskanten und wilden Dasein lukrative Geschäftsideen ableiten können: Sie begleiten zahlungswillige Kunden auf

Abenteuerexkursionen, therapieren destabilisierte Zeitgenossen, beraten Politiker und Manager in Sachen Selbstorganisation, Durchsetzungsfähigkeit, Motivation und Führung und haben ihre eigenen Websites im Internet, in denen sie sich mit ihren vergangenen und zukünftigen Heldentaten und Projekten präsentieren.

Im zeitgenössischen Abenteuer- und Extremsport treffen, wie diese Ausführungen bereits implizit andeuten, Momente der »ersten« und »zweiten Moderne« (Beck 1986) aufeinander und verbinden sich miteinander in einer bemerkenswerten Weise.[60] Die »erste Moderne« ist die sich durchsetzende Moderne – also diejenige Moderne, die vormoderne Sozialverhältnisse Schritt für Schritt beseitigte und ersetzte, dem Prozeß der funktionaler Differenzierung zum Durchbruch verhalf und das Verhältnis von Mensch und Gesellschaft in einer spezifischen Weise neu modellierte. Die »erste Moderne« führte zu einer Distanzierung zwischen Mensch und Natur, verdrängte den »wilden Körper«, löste multifunktionale, diffus miteinander verbundene Sozialgebilde auf (Beispiel: Familie und Wirtschaft), ersetzte diese durch selbstreferentielle, ihrer eigenen Logik folgende Sozialbereiche, dämpfte den Affekthaushalt der Menschen, entzauberte deren Erleben, ließ Arbeitsorganisationen und Bürokratien entstehen und erzeugte Gefühle der Monotonie und Langeweile in den Köpfen ihrer Mitglieder.

Die »zweite Moderne« reagiert auf die Resultate der »ersten«, deren Folgeprobleme sie thematisiert und bearbeitet. Sie ruft eine neue Sensibilität hervor bezüglich des Verhältnisses von Mensch und Natur, läßt »wilde« Körperlichkeit selektiv und episodenhaft wieder zu, führt zu einer Wiederentdeckung verdrängter Räumlichkeit und Zeitlichkeit, regt Versuche der Selbstermächtigung an und führt in Gestalt der Soziologie zu einem Nachdenken über die Bedingungen und Konsequenzen der »ersten« und »zweiten Moderne«. Das Verhältnis der beiden Modernen ist nicht als ein striktes Nebeneinander oder Nacheinander gemeint. In denjenigen Gesellschaftsbereichen, wo die »erste Moderne« sich besonders früh durchsetzte, begann auch die »zweite Moderne« entsprechend früh, während in anderen Handlungsfeldern noch nicht einmal die »erste Moderne« angefangen hat.

Diese generellen Überlegungen zur Bedeutung der »ersten« und »zweiten Moderne« lassen sich noch in einer weiteren Hinsicht auf unser Thema beziehen: Der Extremsport hat einen Gegen- *und* einen Entsprechungscharakter zu Ausprägungen der modernen Gesellschaft entwickelt. Er ist zugleich Negation *und* Bejahung von Modernität. Er ist einerseits modern, weil er – im wahrsten Sinne des Wortes – »extrem« leistungsorientiert ist und mit Hilfe von Medien, Technik und all den Errungenschaften der modernen Zivilisation stattfindet – mit Goretex-Kleidung, GPS-Ortung, wissenschaftlichen Wetterprognosen und Satellitentelefon. Andererseits ist der Abenteuer- und Extremsport aber auch eine theatralische Gegeninszenierung, die Erscheinungsformen und Konsequenzen der Moderne hinterfragt und kritisiert. Auf dieser Grundlage zielt die Programmatik dieses Sportmodells darauf ab, Exkludiertes unter neuen Bedingungen zu inkludieren und Unterkomplexität, Resubjektivierung, Körpereinsatz, Raum- und Gegenwartserfahrung sowie ein Kontingenzerleben wiederzubeleben.[61]

Da die gegenstrukturelle Ausrichtung des Abenteuer- und Extremsports nicht jenseits, sondern innerhalb der modernen Gesellschaft stattfindet, ist es erwartbar, daß in diesem Handlungsfeld Widersprüche und Paradoxien entstehen, welche die dort handelnden Personen und Organisationen unter Druck setzen und zu bestimmten Reaktionen veranlassen. Hierfür lassen sich viele Beispiele finden: Extremsportler bejahen die Errungenschaften der Moderne, wenn sie auf Transportmittel zurückgreifen, um die Sonderräume des Abenteuers und Risikos zu erreichen. Sie benutzen Flugzeuge und Autos, frieren ihre Körper in Sitzpositionen ein, um anschließend in den entferntesten Winkeln dieser Erde körperorientiert klettern, surfen oder laufen zu können. Andere schonen sich mit technischer Hilfe, um sich später physisch und psychisch völlig zu verausgaben. Selbst das Durchbrechen extremsportlicher Rekordmarken läßt sich erst dann festhalten und weltweit verbreiten, wenn moderne Meßverfahren und Übertragungstechniken zum Einsatz kommen. Ohne kartographische Meßtechniken hätte die Höhe des Mount Everest nicht festgestellt und als *die* Herausforderung für Bergsteiger etikettiert werden können.

Die Gleichzeitigkeit von »erster« und »zweiter Moderne« schlägt sich auf der personalen Ebene in einer Ambivalenz von Sicherheits- und Risikobedürfnis nieder. Auch die Helden der Berge, Ozeane und Wüsten, die höchste Risiken eingehen und sich in Büchern und Filmen über den Sicherheitsfetischismus ihrer Zeitgenossen und deren »Verweichlichung« und Wohlfahrtsorientierung auslassen, versichern ihre Häuser gegen Blitz und Donner und sorgen, falls möglich, für ihr Alter vor. Menschen nehmen in der »zweiten Moderne« nicht nur reflexiv die eher problematischen Konsequenzen des gesellschaftlichen Modernisierungsprozesses wahr; sie nutzen vielmehr auch die Möglichkeiten, die sich infolge der Durchsetzung der industriell-kapitalistischen Moderne eröffnet haben: den materiellen Wohlstand, die bezahlte Freizeit, die Optionenvielfalt des Entscheidens und das hohe Maß an Technisierung von Transport und Kommunikation. Der zeitgenössische Abenteuer- und Extremsportler erscheint angesichts dessen als ein sozialer Hybrid, der sowohl die Errungenschaften der Moderne selbstbewußt nutzt als auch in Protestposen gegen die Moderne agitiert.

Das Zusammentreffen von »erster« und »zweiter Moderne« hat auch in organisatorischer Hinsicht Konsequenzen hervorgerufen: Die Reaktionen gegen die Auswirkungen der modernen Gesellschaft, gegen Routinisierung, Vereinnahmung und Fremdsteuerung durch Organisationen sind in der Zwischenzeit selbst in die Programmatik korporativer Akteure eingegangen. Spezialorganisationen begleiten und ermöglichen heute die Selbstermächtigungsbestrebungen individueller Akteure. Der zeitgenössische Abenteuer- und Extremsport ist damit Teil jener »reaktiven Korporatisierungs«-Sphäre (vgl. Schimank 2001: 284) geworden, die in der modernen Gesellschaft – auch außerhalb des Sports – als Reaktion auf die Dominanz von anonymen, intransparenten und entfremdenden organisatorischen Großinstitutionen entstanden ist.

Wie sehr die gegenwärtige Abenteuer- und Risikoszene bereits durch Versuche der Entparadoxierung geprägt ist und mit ihren Widersprüchen und Ambivalenzen kämpft, zeigt sich in folgender Hinsicht: Wenn Organisationen den Abenteuer- und Risikosport entdekken und im Rahmen der modernen Erlebnis- und Eventindustrie zu veralltäglichen suchen, bleibt dies nicht ohne Konsequenzen. Der einzelne distinktionsorientierte Akteur wird, um diese widersprüchliche Situation für sich zu lösen, in eine Spirale der Abweichung hineingetrieben. Der moderne Abenteuersport gewinnt seine gegenwärtige Dynamik deshalb, wie es scheint, durch Abweichungsverstärkung.

Menschen versuchen der »Paradoxie der Individualität« (Bette 1999: 171ff) durch Leistung, Risikosampling, Extremisierung, exaltierte Selbstdarstellung und Skurrilität zu entgehen. Wer die Vertikale bereits ausgelotet und dort seine Erstbesteigungsmarkierungen hinterlassen hat, kann, falls andere nachgezogen haben, die Horizontale entdecken. Im Zeitalter der »technischen Reproduzierbarkeit« des Abenteuers sind Extremsportsituationen immer wieder neu zu definieren und zu inszenieren, um Originalität zu beweisen.

Durch Risikosteigerung versuchen Abenteuerhelden, eine personale Wiedererkennbarkeit sicherzustellen und das gesellschaftlich erzeugte Konzept des modernen Individuums davor zu bewahren, durch ein Kopiertwerden ins Banale, Allgemeine und Durchschnittliche abzurutschen. Wenn die Gefahr besteht, daß die Individualisierungsbestrebungen der anderen mit organisatorischer Unterstützung den einzelnen Abenteuer- und Risikohelden einholen, hilft nur ein weiteres Andrehen der Risikospirale. Das Extreme muß durch das noch Extremere übertrumpft werden. Eine Wiedereinführung der Abweichung in die Differenz von Abweichung und Konformität kann dem Subjekt zumindest kurzzeitig das Gefühl verschaffen, ein einzigartiges Individuum zu sein. Anders zu sein als die anderen, stößt allerdings spätestens dann in der individuellen Biographie auf Grenzen, wenn der eigene Körper die Risikopraktiken nicht mehr mitmacht. Als Reinhold Messner aufgrund von Verletzungen und Alterungsprozessen nicht mehr in der Lage war, bestimmte bergsteigerische Freikletter-Routen durchzuführen und Jüngere ihn auf diesem Gebiet bereits überflügelt hatten, flüchtete er sich in alternative Praktiken: Er ging in die extreme Höhe, verzichtete auf Technik und Sauerstoff, betrieb anschließend eine Quantifizierung des Abenteuers, indem er alle Achttausender dieser Erde bestieg und entdeckte dann die Horizontale der Eisregionen. Demnächst wird er wohl die Wüsten durchwandern.

In einer Gesellschaft, in der Medien außergewöhnliche Aktionen visualisieren und öffentlich machen und Organisationen die Kosten von Organisationen reaktiv zu kompensieren trachten, erhält das Abenteuer schnell den Charakter eines »positionalen Gutes« (Hirsch 1980). Dieses ist dadurch gekennzeichnet, daß eine erhöhte soziale Nachfrage den Ertragswert des Gutes für den einzelnen Nutzer nachhaltig schmälert. Je mehr antreten, Abenteurer und Extremsportler zu sein, desto schwieriger ist es, einer zu werden und dauerhaft zu bleiben. Abenteurer und Extremsportler drohen aus diesem Grunde in Posen zu erstarren, die für Außenseiter in der modernen Gesellschaft verfügbar gehalten werden. Extrembergsteiger, Ballonfahrer, Ultramarathonläufer oder Polarüberquerer sind funktionale Äquivalente zu jenen Sozialfiguren, die in außersportlichen Bereichen als »poète maudit«[62], »Easy-Rider«, »lonesome cowboys« oder anderweitige Originalgenies reüssierten, aber mit ihrer demonstrativen Randständigkeit, Außeralltäglichkeit und Opposition schon längst ihren Platz in der Gesellschaft gefunden haben. Den »Grenzgängern« fällt es unter diesen Bedingungen schwer, die Originale zu bleiben, die sie zu sein behaupten.

Wenn diejenigen, die als erste im Extremsport durch spezifische Leistungen und Rekorde auffielen, im Zeitalter der kollektiven Aneignung des Extremen vehement, lautstark und abfällig gegen die Erscheinungsformen der Kommerzialisierung und »Vermassung« von Abenteuer und Risiko opponieren, läuft unterschwellig ein anderes Thema mit: nämlich die Angst vor einer Entindividualisierung der eigenen Person, vor Achtungsverlust und vor einer Abwertung des eigenen Könnens durch eine Demokratisierung des vormals Knappen.[63] Umweltschutzargumente haben dann nicht nur die manifeste Funktion, auf die ökologischen Folgen des Extremsports hinzuweisen; sie dienen latent auch dazu, die potentielle Bedrohung des eigenen Leistungsindividualismus mit einem sozial eingängigen und leicht nachvollziehbaren Argument zu kaschieren. Das Herziehen über den »Abenteuertourismus«, über diejenigen, die beispielsweise unter Zuhilfenahme von festinstallierten Halteseilen, Aluleitern und Haken die Bergspitze erreichen, beinhaltet eine subtile Form des Eigenlobs, bei dem der Lobende sich selbst noch nicht einmal zu erwähnen hat (vgl. Paris 1998: 152ff). Wer andere des minderen Könnens und der Nutzung »unfairer« Mittel beschuldigt, definiert gleichzeitig eigene Qualitätskriterien und setzt Normen für ein »richtiges« Handeln. Vor allem reserviert er für sich selbst die wahre Könnerschaft. Erstbegeher und anderweitige Pioniere des Abenteuers führen damit eine Kommunikationsform durch, die Elias und Scotson (1990: 166ff) als »Schimpfklatsch« bezeichneten: Sie mißachten diejenigen, die auf »unerlaubte« Hilfen zurückgegriffen haben und distinguieren sich von ihnen durch das Herausstellen der eigenen Überlegenheit und Höherwertigkeit. Und sie vollziehen einen »Lobklatsch« gegenüber jenen, die den eigenen Leistungsstandards entsprechen und damit auf gleicher Augenhöhe stehen. So kommt ein Lobkartell zustande, eine Zitationsgemeinschaft der Extremen, die zwischen »Etablierten« und »Außenseitern« genau zu differenzieren weiß.

Im Abenteuer- und Extremsport dominierten bis in die achtziger Jahre nahezu ausschließlich Leistungs- und Tüchtigkeitsvorstellungen, die aus der Arbeits- und Berufswelt stammten. Im Gefolge des »postmaterialistischen Wertewandels« (Inglehart 1977) und der Heraufkunft der »Erlebnisgesellschaft« (Schulze 1992) sind nun auch Menschen vermehrt in diesem Handlungssektor anzutreffen, die das Risiko mit geringerem Aufwand und mit breiter organisatorischer Unterstützung als Erlebnis für sich abzubuchen trachten. Dies verweist nicht nur auf die Professionalisierungsbestrebungen der Abenteuerakteure, die ursprünglich als Avantgarde besondere Risiken auf sich nahmen und nun im fortgeschrittenen Lebensalter nach profitablen Möglichkeiten suchen, die eigenen Vorlieben gegen ein entsprechendes Entgelt an weniger Tüchtigkeitsorientierte zu verkaufen. Die Inklusion vormals Exkludierter ist auch durch die weltweite Kommunikation über das Abenteuer und Extremsein stimuliert worden. Jede größere Buchhandlung verfügt heute über eine eigene Abenteuersektion. Und im Fernsehen gibt es eigenständige Magazinsendungen mit extremsportlichem Inhalt. Daß hierdurch ein »Overcrowding« mit Imitationshandlungen und Verschärfungsbemühungen hervorgerufen wird, liegt auf der Hand.

Wie der amerikanische Extrembergsteiger Jon Kracauer (1999) in seinem Buch »In eisige Höhen« beschrieb, versuchen sich inzwischen mittelmäßig Bergerfahrene mit Hilfe entsprechend befähigter Einheimischer und ehemaliger Abenteurer gegen ein entsprechendes Entgelt am Mount Everest – zusammen mit Faxgerät, Satellitentelefon und Cappucinomaschine. Abenteuer und Risiko sind, wie man hieran erkennen kann, nur begrenzt für eine distinktionsorientierte Individualisierung nutzbar. Strategien der Selbstermächtigung und Individualisierung stoßen auch im Extremsport auf Grenzen, wenn die Außeralltäglichkeit des Abenteuers systematisch veralltäglicht und einer eigenständigen Industrie zur Bearbeitung überantwortet wird. Wer sich mit extraordinären Leistungen sichtbar macht, läuft Gefahr, daß andere seine Taten kopieren und annektieren.

Der moderne Abenteuer- und Risikosportler ist mit seinen Autonomie- und Selbstermächtigungspraktiken unter diesen Bedingungen zu einer paradoxen Figur geworden: Wenn er vom Mittelmaß, Risikoaversiven und Langweiligen abweicht und sich in künstlichen oder natürlichen Situationen aufs Spiel setzt, tut er letztlich nur das, was aufgrund seiner vorausgegangenen und sozial beobachteten Selbstfestlegung in der Zwischenzeit von ihm erwartet wird. Entgegen ihrem auf radikale Freiheit, Autonomie und Abweichung ausgerichteten Selbstbild sind Extremsportler Akteure, die mit den ihnen gegenüber artikulierten Erwartungen konform gehen: nämlich Freiheit und Autonomie anzustreben, das Riskante zu wagen, den Körper bis an die Grenze des Machbaren zu belasten und Kopf und Kragen zu riskieren, um »einzigartige« Projekte durchzuführen, und all dies performativ auch für andere zu inszenieren.

In Übertragung einer ironischen Wendung, die der Soziologe Gerhard Schulze (2002: 10) gegenüber dem Avantgarde- und Gegenweltgestus des zeitgenössischen Theaters prägte, gehört der moderne Abenteuer- und Risikosport inzwischen zur akzeptierten »Menüwelt« der modernen Gesellschaft »wie der Hofnarr zum königlichen Luxus«. Der zu Wasser, zu Lande und in der Luft theatralisch aufgeführte Ausbruch aus der Gesellschaft ist in Wirklichkeit kein Ausbruch, sondern erweist sich lediglich als eine auf die außergesellschaftliche Umwelt zurückgreifende Rochade innerhalb der Gesellschaft – aus der Welt der routinisierten Arbeit in die Sphäre der standardisierten Freizeit hinein, oft demonstriert und vorgelebt von Spezialisten, die Abenteuer und Risiko berufsmäßig eingehen, um den Nicht-dabei-Gewesenen stellvertretend Botschaften von Freiheit, Selbstermächtigung, Natürlichkeit und Einzigartigkeit zu übermitteln. Zur modernen Gesellschaft gehört nicht nur das Ausleben vorfindbarer Möglichkeiten, sondern auch die asketische und leistungsindividualistische Verweigerung von Optionen sowie die Re-inszenierung des Verdrängten in ausdifferenzierten sozialen Nischen.

Wenn das Außeralltägliche in Serienproduktion geht, Abenteuer von hinter den Kulissen arbeitenden Spezialisten nach sachrationalen

Kriterien vorbereitet und geplant werden, könnte man in Anlehnung an die kulturkritische Analyse von George Ritzer (1993) von einer allmählichen »McDonaldisierung« des Abenteuers sprechen. Und es gibt Anzeichen, daß die gegenwärtige Unterhaltungs- und Erlebnisindustrie in genau diese Richtung tendiert. Da der Abenteuer- und Extremsport aber typischerweise mit den Limitierungen von Körper und Psyche sowie den Selbstbezüglichkeiten und Unberechenbarkeiten der nichtkommunikativen Welt zu tun hat, tauchen Steuerungs- und Machbarkeitsgrenzen auf, die sich auch durch Organisationsbildung und Versachlichung nicht aus der Welt schaffen lassen. Das Abenteuer behält zumindest in seinen extremen Varianten eine anarchische Qualität, die das Außeralltägliche und Riskante nachhaltig vor einer Demokratisierung und Banalisierung schützt.

# Anmerkungen

1 Vgl. insbesondere die Arbeiten von Nerlich (1977a, 1977b, 1997).

2 Damit ist nicht gesagt, daß die moderne Gesellschaft insgesamt risikolos operieren könnte oder würde. Risiken werden vielmehr, wie die soziologische Risikoforschung immer wieder berichtet, strukturell produziert, d.h. sie lassen sich weniger den »bösen« Absichten einzelner Menschen zurechnen, sondern ergeben sich hinter dem Rücken der Akteure als »normal accidents« (Perrow 1984) aus der selbstreferentiellen Operationsweise gesellschaftlicher Teilsysteme. Schadensverursachung und Schadenseintritt fallen hierbei typischerweise zeitlich auseinander.

3 In seinen Studien zur Transformation der Zukunftserwartungen formulierte Koselleck (1979: 266) wie folgt: »Grob gesprochen war die Zukunftserwartung bis in die Mitte des 17. Jahrhunderts begrenzt durch das kommende Jüngste Gericht, in dem das irdische Unrecht seinen transhistorischen Ausgleich finden würde. Insofern war das Schicksal so ungerecht wie gnädig, und es blieb selbstverständlich, daß die Menschen auch damals vorauszusehen genötigt waren und demgemäß zu handeln trachteten. Besonders die Kunst der politischen Prognose wurde seit dem 16. Jahrhundert entwickelt und gehörte zum Geschäft aller Staatsmänner. Aber derartige Praktiken überstiegen noch nicht grundsätzlich den Horizont einer christlichen Enderwartung. Gerade weil sich vor dem Ende grundsätzlich nichts Neues einstellen würde, konnte man es sich leisten, von der Vergan-

genheit auf die Zukunft zu schließen. Der Schluß von der bisherigen Erfahrung auf die zu erwartende Zukunft bediente sich strukturell gleichbleibender Faktoren. Das änderte sich erst im 18. Jahrhundert, als die Wirkungen von Wissenschaft und Technik einen unbegrenzten Raum neuer Möglichkeiten zu erschließen schienen.«

4 Vgl. hierzu die Gedichtzeilen, mit denen sich Charles Baudelaire am Anfang seiner »Fleurs du mal« (1855, zitiert nach 1986: 9) an den Leser (Au Lecteur) wendet. In der deutschen Übersetzung von Wilhelm Richard Berger heißt es: »Doch unter den Schakalen, Panthern und Skorpionen / Den Affen, Geiern, Schlangen, Hündinnen in Brunst, / Dem Ungetier, das kläfft und heult und kriecht und grunzt / In dem verruchten Zoo, wo unsere Laster wohnen, // Ist eins noch häßlicher, noch böser und gemein! / Mag es die Drohgebärde und den Schrei verschmähn, / Es würde gern die ganze Welt in Trümmern sehn / Und schlänge sie mit einem Gähnen gern hinein: // Der Überdruß! Mit Augen, drein sich Tränen schleichen, / Die Wasserpfeife schmauchend, träumt er vom Blutgericht, / Du kennst es, Leser, dieses Scheusal ausgepicht, / Scheinheiliger Leser du – mein Bruder – meinesgleichen!«

5 Gefühle von Monotonie und Leere lassen sich als Konsequenzen funktionierender Strukturbildung ansehen. Eine anthropologische Deutung lieferte in dieser Hinsicht Tenbruck (1978: 112). »Erfolgssicherheit« und »Ertragswert« einer Handlung ließen sich nicht gleichzeitig steigern. »In dem Maße, wie der Mensch erfolgssichere Handlungsmuster aufbaut, verliert das Handeln seinen Eigenreiz als Handeln und entwertet sich subjektiv der Ertrag. Der Handelnde bezahlt die Erfolgssicherheit mit Monotonisierung und Gratifikationsverfall.«

6 Zum Aufstieg der Massenkultur seit 1850 siehe Maase (2001). Die Veränderung von Wahrnehmung und Verhalten infolge des Eindringens der populären Kultur in den städtischen Alltag beschreibt Bittner (2001).

7 Wir folgen an dieser Stelle nicht der weitverbreiteten Begriffstrennung zwischen Angst (diffuses Gefühl ohne konkreten Anlaß) und Furcht (spezifisches Gefühl durch konkreten Anlaß).

8 Escoffier, 38 Jahre, ist seit August 1998 am Broad Peak im Himalaya verschollen.

9 Zu den vier Arten möglicher Asymmetrisierungen siehe Schimank (2000: 248f).

10 Arbeitsteilung, Anonymität und Indifferenz haben ihren Preis, aber sicherlich auch ihre Vorteile. Wenn ein wirtschaftlich profitables Handeln nur möglich wäre unter der Bedingung der persönlichen Bekanntschaft der am Tausch beteiligten Akteure, hätte die Ökonomie sich nie über das Niveau des direkten Tauschhandelns tribaler Kulturen entwickeln können.

11 Zur Differenz von Akteur und Agent siehe Touraine (1995).

12 Bereits Goffman (1986: 224f) wies auf die Strategie der Selbstbeschränkung hin, um »action« zu erleben. »Damit es möglich ist, über die Grenzen hinauszugehen, muß unter Umständen die Ausrüstung, die der Handelnde verwendet, in angemessener Weise eingeschränkt werden. [...] Und wenn das Überqueren des Ozeans eine Herausforderung darstellen soll, muß man schon anstelle eines Dampfers ein Floß wählen. Will man sich mit einem Fisch messen, so müssen Schnur, Angelhaken und Angelrute mit größter Selbstbeschränkung ausgesucht werden, wie dies auch oft geschieht.«

13 Es ist demnach davon auszugehen, daß die diversen Sportpraktiken unterschiedliche Totalisierungs- und Hyperinklusionsgrade aufweisen. Ein Freeclimber, der ohne Seil und doppelten Boden bestimmte Schwierigkeitsgrade bewältigt und dabei sein Leben unmittelbar riskiert, weist ein höheres Maß an »Hyperinklusion« auf als ein Kletterer, der die gleichen Schwierigkeitsgrade in einem Hallenambiente mit den unterschiedlichsten Sicherungsmaßnahmen bewältigt und vor Eis, Lawinen, Wetterumschwüngen und letalen Abstürzen geschützt ist.

14 Neben den inhaltlichen Aussagen fällt in diesem Zitat der häufige Gebrauch der Ich-Form auf.

15 Großklaus (1995: 19) formulierte zur Aufbewahrungs- und Gefühlssteuerungsfunktion der neueren Medien: »Die Betrachtung der Fotografie hat dann den Vorteil, die Vergegenwärtigung des vergangenen intensiven Augenblicks beliebig wiederholen und in der Sekundär-Wahrnehmung des Abbildes die intensive Er-

fahrung einer möglicherweise belanglosen Primär-Erfahrung simulieren zu können. [...] Fotos und später Film und Video halten ein Bild dessen fest, was in der beschleunigten Aufeinanderfolge von Ereignissen längst der Vergessenheit anheimgefallen wäre oder was in beschleunigter Verfallszeit überhaupt verschwindet (Dinge und Räume).«

16 Der Extrembergsteiger wäre in diesem Fall ein Beobachter erster Ordnung, der die Welt im Moment des Handelns anhand spezifischer Kriterien und Perspektiven beobachtet, um Informationen darüber zu gewinnen, wie der Berg optimal bestiegen und ein Absturz vermieden werden kann. Die Fotografen und Filmer, die seine Taten festhalten, sind Beobachter zweiter Ordnung. Das Fototeam, das sowohl Bergsteiger als auch Fotografen in einem Bild festhält, um in einer Werbebroschüre auf die Riskanz der Extremsportler, deren Ausrüstungen und das von diesen Akteuren erzeugte Medieninteresse hinzuweisen, wären dann Beobachter dritter Ordnung. Und der Soziologe, der all diese unterschiedlichen Beobachtungsverhältnisse thematisiert und analysiert, wäre ein Beobachter vierter Ordnung. Jeder dieser Beobachter sieht nur das, was er aufgrund seiner Perspektiven sehen kann. Der soziologische Beobachter sieht nicht besser oder schlechter, er sieht vielmehr nur anders.

17 Tagebücher sind traditionellerweise Orte, in denen Personen sich selbst im Rahmen einer Beobachtung zweiter Ordnung thematisieren. Sie waren vornehmlich in einer Zeit bedeutsam, in der Tonband, Film, Schallplatte, Telefon, Fernsehen und Internet noch nicht existierten und eine öffentliche Selbstentblößung noch stark tabuisiert war. Vgl. allgemein Hahn (2000).

18 Vgl. Kracauer (1998: 299) und GEO (Nr. 3, 1998: 39).

19 Vgl. hierzu die publikumswirksamen Abenteuer des Survivalspezialisten und Extremsportlers Rüdiger Nehberg.

20 Außerdem sorgt die schnelle Abfolge technischer Entwicklungen dafür, daß Personen außerhalb des Sports oft nur kurzzeitig Heldenchancen besitzen. Der Fotograf als Abenteurer und Held setzte in den zwanziger Jahren des letzten Jahrhunderts die Neuerungen um, die sich durch technische Errungenschaften

ergeben hatten. Mit einer Kleinbildkamera konnte er Tatkraft beweisen, Profil gewinnen, mobil sein und von der Welt jenseits des Horizontes berichten. Als die medialen Rahmenbedingungen sich änderten, sank allerdings der Stern des Fotografenhelden. Der Pionier ist kein Pionier mehr, wenn er von Techniken überrollt wird, die seine Arbeit ersetzen, beschleunigen oder gar überflüssig machen. So wurden die Helden der heroischen Fotografie durch den Film verdrängt, die ersten Helden der Lüfte durch die Zivilluftfahrt.

21 Die prinzipielle und unhintergehbare Andersartigkeit, die zwischen Gesellschaft und Umwelt vorhanden ist, bedeutet nicht, daß Gesellschaft ohne die Existenz ihrer Umwelt operieren und funktionieren könnte. Allerdings gilt auch: Ohne eine Distanzierung und Eindämmung naturaler Eigengesetzlichkeiten wäre die Entstehung der modernen Gesellschaft unwahrscheinlich geblieben. Die Externalitäten, die eine funktional differenzierte Gesellschaft produziert, lassen sich in vielerlei Hinsicht beobachten, beispielsweise in Gestalt von ökologischen Schäden, aber auch in Form von Streßkrankheiten oder Langeweilesymptomen auf der Ebene psychischer Systeme oder als Verlängerung der Lebenszeit von Menschen auf der Ebene physisch-organischer Systeme infolge einer Ausdifferenzierung eines eigenständigen, auf die Wiederherstellung eines gesellschaftlich verfügbaren Körperpotentials spezialisierten Gesundheits- bzw. Krankheitssektors. Trotz der faktisch vorhandenen Möglichkeiten der Einflußnahme gilt: Umwelt kann nur als Kommunikationsthema innerhalb der Gesellschaft auftauchen und entsprechend bearbeitet werden. Dies schließt ein, daß Menschen – kommunikativ durch Sprache, Buchlektüre oder Filme inspiriert und in der Autopoiesis ihres Bewußtseins entsprechend angeregt – auf gesellschaftlich produzierte Externalitäten reagieren können. Die »Grünen« zeigen, wie sehr eine Gesellschaft ihre Umwelt (Menschen) benötigt, um ihre Außenwirkungen zu beobachten, und welche Konsequenzen anschließend in der Politik durch kommunizierte Ablehnung hervorgerufen werden.

22 Die »Leichtigkeit des Seins« (Kundera 1984) muß dabei aller-

dings nicht »unerträglich« sein, sondern kann Erfahrungen, Erlebnisse und »in-process-benefits« freisetzen, die nur über einen Körpereinsatz zu bekommen sind.

23 Psychische und soziale Systeme funktionieren auf der Grundlage von Sinn, organische Systeme auf der Basis von Leben. Vgl. Luhmann (1984).

24 Skateboardfahren, Inline-Skaten und die diversen Formen des Skifahrens sind demzufolge funktional äquivalente Techniken, die dabei helfen, den Traum von der (nahezu) reibungslosen körperlichen Fortbewegung auch auf der Erde in die Wirklichkeit umzusetzen. Zum Skateboarding als einer Form des »urbanisierten Wellenreitens« siehe Bette (1989: 84f).

25 Simon (1993: 48ff) spricht – ohne Bezug zu Extremsport und Abenteuer – von einer »härteren Wirklichkeit«, um das »leichtere« Errechnen von Wirklichkeit durch einen Beobachter in jenem Bereich zu plausibilisieren, den die klassische Newtonsche Physik beschreibt. Soziale Regeln erschienen in diesem Kontext als »weichere Wirklichkeit«, weil sie unter dem Einfluß eines Beobachters veränderbar wären.

26 Am Sport goutieren Menschen die Realitätsnähe des Handelns. Wenn das Wirklichkeitserleben immer mehr durch mediale Wirklichkeitsbilder überlagert oder geprägt wird, kommt dem Nichtvirtuellen ein hoher Stellenwert zu. Die Medien haben auf den Vorwurf des Authentizitätsverlustes ihrer Programme inzwischen durch die Internalisierung des »Realen« in ihre Programmstruktur reagiert: Talkshows oder Reality-Soaps wollen das »Echte«, »Unverfälschte« vorführen und Menschen in »realen« Lebenssituationen zeigen. Aus der exzessiven Betonung des Realen in den Medien läßt sich in einem Umkehrschluß zeigen, wieweit die Virtualisierung durch die Medien bereits fortgeschritten ist. Zum Extremsport als Realitäts- und Gewißheitsgenerator vgl. Kapitel 6.

27 Coleman nennt vor allem zwei Möglichkeiten der Resymmetrisierung im Verhältnis von »natürlichen« Personen und korporativen Akteuren: die Steuerung durch den Staat mit Hilfe des Rechts und den Einbau von Marktmechanismen in Organisationen. Vgl. hierzu auch Schimank (2000: 251ff).

28 Gerade Jugendliche und junge Erwachsene leben bisweilen bewußt riskant, um sich in der Welt der Erwachsenen zu individualisieren. Daß sie hierbei auf Körperkompetenzen und außeralltägliche Praktiken zurückgreifen, hat damit zu tun, daß andere Möglichkeiten der Selbstdarstellung und -ermächtigung in ihrem Alter typischerweise noch nicht zur Verfügung stehen – also Geld, berufliche Reputation oder höhere Bildungsabschlüsse. Funktionierende und virtuose Körperlichkeit und Risikobereitschaft (U-Bahn-Surfen, Autorennen, Risikosport) sind das, was dann noch bleibt. Und daß Jugendliche gerade die städtische Öffentlichkeit aufsuchen, um ihre Risikobewältigungsversuche durchzuführen, hat nicht nur mit der leichteren Verfügbarkeit zu tun, sondern hängt mit der Lesbarkeit des Körpers in der urbanen Öffentlichkeit zusammen, die dort größer ausgeprägter ist als in der Abgeschiedenheit der Natur.

29 Die anwendungsorientierten Natur- und Ingenieurwissenschaften bilden, wenn sie Geräte, Pillen, Brücken oder andere funktionierende Technologien produzieren, eine Ausnahme. Artefakte dieser Art kann man nämlich sehen, anfassen, nutzen oder in ihren Wirkungen beobachten.

30 Einschlagehaken sind gemäß dieser »Fair-means-Ethik« nur zur Absicherung erlaubt, nicht zur Fortbewegung. Vgl. Geißler (1998: 92).

31 ZDF 2002 in der Sendung »Legenden: Reinhold Messner« (Hervorhebung der sprachlichen Betonungen in der Interviewpassage in kursiver Schrift, KHB).

32 Zur »Autorität der Nachwelt« als einer »lebensbestimmende[n] Vorstellungsleistung« und zur Sozialfigur des verkannten Genies siehe Popitz (1992: 127).

33 Das Guinness-Buch der Rekorde ist in dieser Hinsicht ein eindrucksvoller Beleg für den Drang nicht weniger Zeitgenossen, sich durch Bemühungen der unterschiedlichsten Art sozial sichtbar zu machen.

34 Auch im Abenteuer bekommt die Askese schnell eine paradoxe Qualität: Der Verzicht ist kein wirklicher Verzicht, wenn er Spaß macht – nicht zuletzt deshalb, weil Abstinenz neue Erfahrungsmöglichkeiten eröffnet und zudem in einer genußorientierten

Gesellschaft sozial in besonderer Weise resonanzfähig und distinktionsträchtig ist.

35 Dies erinnert an die Schmisse im Gesicht früherer Burschenschaftler. Sowohl im Extremsport als auch in den traditionell orientierten Burschenschaften geht es um die Demonstration von Zugehörigkeit zu einer elitären Gemeinschaft, für die der einzelne in einer sichtbaren Weise ein entsprechendes Körperopfer zu erbringen hat.

36 Siehe Graubündener Magazin (Winter 2002/2003: 50).

37 Siehe Graubündener Magazin (Winter 2002/2003: 47).

38 Vgl. hierzu die Analyse von Foucault (1977) zur Geschichte von Gefängnissen und psychiatrischen Anstalten.

39 Dabei benötigt die moderne Risikosportleridentität die sozialen Reaktionen von außen, um sich über den momentanen Selbsteindruck hinweg als stabile Größe zu beobachten. Ich-Stabilität ist damit auch im Extremsport eine Stabilität, die von außen durch Zustimmung oder demonstrierte Abneigung gewährt wird. Bricht dieses Milieu weg, entfällt eine wichtige Identitätsstütze. Dann droht das Konsistente inkonsistent und labil zu werden.

40 Die andere Seite der Medaille soll an dieser Stelle nicht ausgeblendet werden: Menschen können mit ihren Körpern auch an Leistungen teilhaben, die durch Organisationen erwirtschaftet werden. Man denke nur an die umfangreichen Möglichkeiten der Prävention und Krankenversorgung.

41 Dies erinnert an Bataille (1975), den Theoretiker der unproduktiven Konsumtion, der Verausgabung und der Ekstase.

42 Wahrnehmung ist ein innerpsychisches Ereignis, das weder für ein anderes Bewußtsein noch für die Kommunikationssphäre der Gesellschaft zugänglich ist. Der Inhalt einer Wahrnehmung, z.B. die Teilhabe an einem Sonnenuntergang oder an einer Bergbesteigung, wird erst dann gesellschaftlich relevant, wenn darüber kommuniziert wird. Wahrnehmung ist demnach nur dann an das Bewußtsein anderer Menschen anschließbar, wenn es in Sprache oder Schrift transformiert wird.

43 Zur modernen Berührungsangst und zum Verlust des Taktilen siehe Weyh (1999).

44 Als Reaktion hierauf wächst die Vorliebe für eine Technik, die man sehen, nachvollziehen und selbst beeinflussen kann (Beispiele: analog arbeitende Meßsucher-Kameras vs. Autofocus- und Digitalkameras oder mechanische Chronometer vs. Digitaluhren).

45 Zur Organisation und Disziplinierung der Seh-Erfahrungen sowie zur Entstehung des »panoramatischen Blicks« siehe Oettermann (1980).

46 Diese Aufzählung von Faktoren, die auf das individuelle und kollektive Evidenzerleben einwirken bzw. eingewirkt haben, ist keineswegs vollständig. Allein das letzte Jahrhundert lieferte zahlreiche Beispiele für massive Dissonanz- und Zusammenbruchserfahrungen. Man denke nur an die Erlebnisse, die Menschen im Ersten und Zweiten Weltkrieg hinzunehmen hatten, die der Ost-West-Konflikt hervorrief oder die durch den Zusammenbruch der Sowjetunion und der DDR oder das Scheitern der New Economy zustande gekommen sind. Auch die fortschreitende Globalisierung setzt eingefahrene Weltbilder und sozialisatorisch hergestellte Identitäten unter Druck und löst vormalige Sicherheitseinschätzungen auf.

47 Zur »Fließerfahrung« in diversen Tätigkeitsfeldern siehe die Arbeit von Csikszentmihalyi (1975).

48 Die gegenwärtigen Bemühungen um eine quantitative und qualitative Steigerung des schulischen Sportunterrichts oder um eine verbesserte Koordination zwischen Schule und Sportverein zielen durchaus in diese Richtung. Wenn die Diagnose stimmt, daß viele Kinder und Jugendliche – im Gegensatz zu früheren Generationen – bereits im jungen Alter übergewichtig sind oder massive Schwierigkeiten haben, sich im Raum ohne Kollisions- und Kollabierungsgefahr zu bewegen, könnten diese Defizite, falls sie auf kollektiver Basis passierten, durchaus Konsequenzen für das Funktionieren einer Gesellschaft haben: Sie könnten beispielsweise die Kosten im Gesundheitssektor hochschrauben oder die Rekrutierungsbasis für bestimmte Berufe einschränken. Am Schulsportdiskurs kann allerdings auch gezeigt werden, wie der Zugriff auf Schüler dadurch plaziert wird, daß man diese als defizitär definiert, um durch die Ergänzung des Kurativen durch

das Präventive neue Interventionsgründe und -felder für Sportpädagogen und Gesundheitsfachleute zu schaffen.

49 Laufevents synchronisieren das Erleben der Beteiligten, lassen das Ich im Wir aufgehen und stiften Gefühle der Gemeinschaft – durch Nähe in einem Raum, in dem der eine prinzipiell die Anwesenheit der anderen wahrnehmen und durch den Einsatz der individuell verfügbaren Sinne überprüfen kann.

50 Besonders drastisch formulierten dies zwei japanische Bergsteiger (GEO, Nr. 3, 1998: 40), die, weil sie ihren Gipfelerfolg nicht gefährden wollten, drei unter Erfrierungen und Sauerstoffmangel leidenden indischen Bergsteigern die Hilfe verweigerten: »Oberhalb von 8.000 Metern ist kein Ort, an dem sich Menschen so etwas wie Moral leisten können.«

51 Zur Versportlichung und Festivalisierung urbaner Räume vgl. Bette (1999: 192ff). Schultheis (1996: 178) führt das Klettern in den Städten auf folgende Ursprünge zurück: »Urban working-class climbers in Scotland and northern England have a sport sometimes called buildering, which consists of making ascents of man-made structures such as abandoned warehouses, highway overpasses, etc. The sport actually began at Oxford in the 1930s, when tipsy undergraduates began climbing clock towers and belfries by night; a guidebook was even published, of the best campus alpine routes. All of which goes to show that wilderness is where you find it.«

52 Vgl. am Beispiel des Gesundheitssystems Luhmann (1983: 29).

53 Kommunikation kommt erst später zum Tragen, wenn nämlich die Erfolge oder Niederlagen extremsportlichen Handelns berichtet und der Eigendynamik der gesellschaftlichen Kommunikationssphäre überantwortet werden.

54 Nicht umsonst setzte nach dem Ersten Weltkrieg ein Boom im extremen Bergsteigen ein. Wenn die Verunsicherung über die Ordnung der gesellschaftlichen Abläufe zunimmt, als unumstößlich eingeschätzte Nationalstaaten mit einem lauten Knall zusammenbrechen und ein einheitlicher Sinn nicht erkennbar ist, weil die bekannten Meta-Erzählungen Niederlagen hinnehmen mußten, erscheinen Natur und Körper als nicht weiter

begründbare Fluchtpunkte der Sinnhaftigkeit. Hier kann man vor allem auch unverdächtige Heldentaten vollbringen.

55 Im Rückblick auf den eigenen biographischen Werdegang begründete Messner (1991: 35) seine Abneigung gegen die Zurichtung durch Schule und Beruf und die hiermit verbundenen zeitlichen Erlebniskorrelate wie folgt: »Was ich in den ersten Schuljahren und daheim gelernt hatte, hätte für mein Leben gereicht. Später habe ich auf der Schulbank meine Zeit totgeschlagen. [...] Trotzdem sollte es ein Jahrzehnt dauern, bis ich mich aus einer Gesellschaft, die die Menschen in Berufsgruppen einteilt, befreien konnte. Der Mensch hat von Natur aus keinen Beruf. Vielleicht eine Berufung. Wer einmal eine Zeit verlebt hat, in der keine Stunde der anderen gleicht, in der sie alle verfliegen, die Stunden, und im Rückblick doch unendlich lang sind, weil einzigartig, der sucht, der braucht diese Zeit immer wieder.«

56 Vgl. für einen anderen Zusammenhang Luhmann (1989: 130).

57 Inspiriert durch Foucault (1996: 27).

58 Die politische Nutzung von Abenteuer und Risiko ist nicht neu, sondern läßt sich bereits im 19. Jahrhundert auf breiter Basis beobachten. Nach dem Sieg über Napoleon ging die englische Admiralität zwischen 1816 und 1846 dazu über, die eigene Flotte mit Entdeckungstouren und Abenteuerexpeditionen zu beschäftigen. John Barrow, Zweiter Sekretär der Admiralität, schickte Schiffe des Königreichs in die Welt hinaus, um unentdeckte Inseln oder unbekannte Routen in der Arktis zu finden. Mitglieder der Landarmee durchquerten die Wüsten auf der Suche nach neuen Wegen und mythischen Orten. Vgl. hierzu die instruktiven Ausführungen von Fleming (2002). Abenteuer und Risiko waren allerdings zu jener Zeit noch, wie diese Beispiele zeigen, allopoietisch geprägt, also nicht Teil eines eigenständigen, auf Abenteuer und Risiko ausgerichteten Sportmodells. Die Rationalität von Politik und Militär gab vielmehr den Sinn des damaligen Handelns vor.

59 In Anlehnung an Kepplinger (1992).

60 Zur Anwendung dieser Denkfigur auf den eventorientierten Zuschauersport siehe Bette und Schimank (2000: 316ff).

61 Der Abenteuer- und Extremsport erzählt bisweilen auch eine Geschichte über die Kleingruppe, die zusammenhält, sich in der Seilschaft wechselseitig unterstützt oder auch scheitert, wenn Koordination und Solidarität unter dem Druck der Verhältnisse kollabieren. Hier wird die implizite Botschaft übermittelt, daß Solidarität wichtig ist und eine Selbstermächtigung ohne Rücksichtnahme auf das soziale Umfeld Risiken hervorruft.

62 Man denke in diesem Zusammenhang an Literaten wie Arthur Rimbaud, Charles Baudelaire oder Edgar Allan Poe, die rebellisch, exzentrisch, unbequem und anti-bürgerlich auftraten und das Authentische, Ungekünstelte in ihren Werken wiederzugeben versuchten.

63 Dies ähnelt einem Erlebnis, das aus dem Bereich der Mode bekannt ist: Eine Frau kauft sich ein sündhaft teures Kleid, um auf einer Party entsprechend aufzufallen und zu reüssieren. Sie muß dann aber zu ihrem Schrecken feststellen, daß sie nicht die einzige war, die bei ihrer Suche nach Aufmerksamkeit auf dasselbe Kleid stieß.

# Literatur

Aufmuth, Ulrich, 1984: Die Lust am Aufstieg. Was den Bergsteiger in die Höhe treibt. Weingarten: Drumlin Verlag.

Aufmuth, Ulrich, 1996: Lebenshunger. Die Sucht nach Abenteuer. Zürich, Düsseldorf: Walter Verlag.

Balint, Michael, 1959: Thrills and regressions. New York: International University Press.

Bataille, Georges, 1975: Das theoretische Werk Bd. 1. Die Aufhebung der Ökonomie, herausgegeben von Traugott König/Heinz Abosch. München: Rogner & Bernhard Verlag.

Baudelaire, Charles, 1986: Die Blumen des Bösen. Göttingen: Steidl Verlag, erstmals 1855.

Beck, Ulrich, 1986: Die Risikogesellschaft. Frankfurt/Main: Suhrkamp.

Beck, Ulrich/Beck-Gernsheim, Elisabeth, 1994: Riskante Freiheiten. Frankfurt/Main: Suhrkamp.

Bell, Daniel, 1973: The Coming of Post-Industrial Society: A Venture in social Forecasting. New York: Basic Books.

Bette, Karl-Heinrich, 1987: Wo ist der Körper? In: Dirk Baecker/Jürgen Markowitz/Rudolf Stichweh/Hartmann Tyrell/Helmut Willke (Hg.), Theorie als Passion. Niklas Luhmann zum 60. Geburtstag. Frankfurt/Main: Suhrkamp, 600-628.

Bette, Karl-Heinrich, 1989: Körperspuren. Zur Semantik und Paradoxie moderner Körperlichkeit. Berlin, New York: de Gruyter.

Bette, Karl-Heinrich, 1999: Systemtheorie und Sport. Frankfurt/Main: Suhrkamp.

Bette, Karl-Heinrich/Schimank, Uwe, 2000: Sportevents. Eine Verschränkung von »erster« und »zweiter Moderne«. In: Winfried Gebhardt/Ronald Hitzler/Michaela Pfadenhauer (Hg.), Events. Soziologie des Außergewöhnlichen. Opladen: Leske + Budrich, 307-323.

Bittner, Regina (Hg.), 2001: Urbane Paradiese. Zur Kulturgeschichte modernen Vergnügens. Frankfurt/Main, New York: Campus.

Borst, Otto, 1983: Alltagsleben im Mittelalter. Frankfurt/Main: Insel Verlag.

Bourdieu, Pierre, 1993: Soziologische Fragen. Frankfurt/Main, erstmals 1980).

Bourdieu, Pierre, 1995: Meditationen. Zur Kritik der scholastischen Vernunft. Frankfurt/Main: Suhrkamp.

Bruckner, Pascal/Finkielkraut, Alain, 1979: Au coin de la rue, l' aventure. Paris, deutsche Übersetzung: Das Abenteuer um die Ecke. Kleines Handbuch der Alltagsüberlebenskunst. München: Knaur, 1981.

Caysa, Volker/Schmid, Wilhelm (Hg.), 2002: Reinhold Messners Philosophie. Frankfurt/Main: Suhrkamp.

Cohen, Stanley/Taylor, Charles, 1977: Ausbruchsversuche. Identität und Widerstand in der modernen Lebenswelt. Frankfurt/Main: Suhrkamp, erstmals 1976.

Coleman, James S., 1986: Die asymmetrische Gesellschaft. Vom Aufwachsen mit unpersönlichen Systemen. Weinheim, Basel: Beltz, erstmals 1982.

Csikszentmihalyi, Mihaly, 1975: Beyond Boredom and Anxiety. San Francisco u.a.: Jossey-Bass Publishers.

Cube, Felix von, 1990: Gefährliche Sicherheit. Die Verhaltensbiologie des Risikos. München: Piper Verlag.

Dauer, Tom (Hg.), 2002: Reinhard Karl. Ein Leben ohne Wenn und Aber. Zürich: AS Verlag & Buchkonzept AG.

Debord, Guy, 1996: Die Gesellschaft des Spektakels. Berlin: Verlag Klaus Bittermann, erstmals 1967.

Dörner, Dietrich, 1989: Die Logik des Mißlingens. Strategisches Denken in komplexen Situationen. Reinbek bei Hamburg: Rowohlt.

Elias, Norbert, 1969: Über den Prozeß der Zivilisation Bd. 1 und 2. Frankfurt/Main: Suhrkamp, erstmals 1939.

Elias, Norbert/Scotson, John L., 1990: Etablierte und Außenseiter. Frankfurt/Main: Suhrkamp, erstmals 1965.

Elias, Norbert, 1993: Was ist Soziologie? Weinheim, München: Juventa, erstmals 1970.

Elias, Norbert/Dunning, Eric, 1970: The Quest for Excitement in Unexciting Societies. In: Günther Lüschen (Hg.), The Cross-Cultural Analysis of Sport and Games. Champaign Illinois: Stipes, 31-51.

Etzioni, Amitai, 1968: The Active Society. A Theory of Societal and Political Processes. New York: The Free Press.

Fleming, Fergus, 2002: Barrow's Boys. Eine unglaubliche Geschichte von wahrem Heldenmut und bravourösem Scheitern. Hamburg: marebuch-verlag, erstmals 1998.

Foucault, Michel, 1977: Überwachen und Strafen: die Geburt des Gefängnisses. Frankfurt/Main: Suhrkamp, erstmals 1975.

Foucault, Michel, 1983: Der Wille zum Wissen. Sexualität und Wahrheit 1. Frankfurt/Main: Suhrkamp, erstmals 1977.

Foucault, Michel, 1996: Der Mensch ist ein Erfahrungstier. Gespräch mit Ducio Trombardi. Frankfurt/Main: Suhrkamp.

Franck, Georg, 1998: Ökonomie der Aufmerksamkeit. Ein Entwurf. München, Wien: Carl Hanser Verlag.

Gebauer, Gunter, 1984: Hand und Gewißheit. In: Dietmar Kamper und Christoph Wulf (Hg.), Das Schwinden der Sinne. Frankfurt/Main: Suhrkamp, 234-260.

Geißler, Heiner, 1998: Bergsteigen. München: Deutscher Taschenbuch Verlag, erstmals 1997.

Göbel, Markus/Schmidt, Johannes F. K., 1998: Inklusion/Exklusion: Karriere, Probleme und Differenzierungen eines systemtheoretischen Begriffspaares. In: Soziale Systeme 4/1, 87-118.

Goffman, Ervin, 1986: Interaktionsrituale. Über Verhalten in direkter Kommunikation. Frankfurt/Main: Suhrkamp, erstmals 1967.

Großklaus, Götz, 1995: Medien-Zeit, Medien-Raum. Frankfurt/Main: Suhrkamp.

Gross, Peter, 1994: Die Multioptionsgesellschaft. Frankfurt/Main: Suhrkamp.

Gross, Peter, 2000: One world is not enough. In: du. Die Zeitschrift der Kultur 707, 2-5.

Guggenberger, Bernd, 1988: Vom Sein zum Design. Zur Dialektik der Abklärung. Hamburg: Rotbuch Verlag.

Guggenberger, Bernd, 1997: Das digitale Nirwana. Hamburg: Rotbuch Verlag.

Gumbrecht, Hans Ulrich, 1997: Die Börse als Metapher? Vom Leben mit dem Zufall, der den Zufall erzeugt, oder: Warum man über den Aktienmarkt keine Geschichten erzählen kann. In: Die Zeit, Nr. 43, 17.10., 61.

Hahn, Alois, 2000: Konstruktion des Selbst, der Welt und der Geschichte. Frankfurt/Main: Suhrkamp.

Hirsch, Fred, 1980: Die sozialen Grenzen des Wachstums. Eine ökonomische Analyse der Wachstumskrise. Reinbek bei Hamburg: Rowohlt, erstmals 1976.

Inglehart, Ronald, 1977: The Silent Revolution: Changing Values and Political styles among Western Publics. Princeton: University Press.

Jankélévitch, Vladimir, 1963: L'Aventure, L' Ennui, Le Serieux. Paris: Editions Montaigne, Aubier.

Kamper, Dietmar und Christoph Wulf (Hg.), 1984: Das Schwinden der Sinne. Frankfurt/Main: Suhrkamp.

Kaufmann, Franz-Xaver, 1973: Sicherheit als soziologisches und sozialpolitisches Problem. Untersuchungen zu einer Wertidee hochdifferenzierter Gesellschaften. Stuttgart: Ferdinand Enke Verlag.

Kepplinger, Hans Mathias, 1992: Ereignismanagement. Wirklichkeit und Massenmedien. Zürich: Edition Interfrom.

Kieserling, André, 1999: Kommunikation unter Anwesenden. Studien über Interaktionssysteme. Frankfurt/Main: Suhrkamp.

Klages, Helmut, 1988: Wertedynamik. Über die Wandelbarkeit des Selbstverständlichen. Zürich: Edition Interfrom.

Koselleck, Reinhard, 1979: Vergangene Zukunft. Zur Semantik geschichtlicher Zeiten. Frankfurt/Main: Suhrkamp.

Kracauer, Jon, 1998: In eisige Höhen. München: Piper.

Kruse, Lenelies und Carl F. Graumann, 1978: Sozialpsychologie des Raumes und der Bewegung. In: Kölner Zeitschrift für Soziologie und Sozialpsychologie, Sonderheft 20, hg. von Kurt Hammerich/Michael Klein, 177-219.

Kundera, Milan, 1984: Die unerträgliche Leichtigkeit des Seins. Frankfurt/Main: Fischer.

Le Breton, David, 1995: Lust am Risiko. Von Bungee-jumping, U-Bahnsurfen und anderen Arten, das Schicksal herauszufordern. Frankfurt/Main: dipa-Verlag, erstmals 1991.

Luhmann, Niklas, 1964: Lob der Routine. In: Verwaltungsarchiv 55, 1-33.

Luhmann, Niklas, 1970: Selbststeuerung der Wissenschaft. In: ders., Soziologische Aufklärung 1. Opladen: Westdeutscher Verlag, 232-252.

Luhmann, Niklas, 1981a: Unverständliche Wissenschaft: Probleme einer theorieeigenen Sprache. In: ders., Soziologische Aufklärung 3. Opladen: Westdeutscher Verlag, 170-177.

Luhmann, Niklas, 1981b: Politische Theorie im Wohlfahrtsstaat. München, Wien: Olzog Verlag.

Luhmann, Niklas, 1983: Anspruchsinflation im Krankheitssystem. Eine Stellungnahme aus gesellschaftstheoretischer Sicht. In: Philipp Herder-Dorneich/Alexander Schuller (Hg.), Die Anspruchsspirale. Schicksal oder Systemdefekt. Stuttgart, Berlin, Köln, Mainz: Kohlhammer, 28-49.

Luhmann, Niklas, 1984: Soziale Systeme. Grundriß einer allgemeinen Theorie. Frankfurt/Main: Suhrkamp.

Luhmann, Niklas, 1987: Die gesellschaftliche Differenzierung und das Individuum. In: Thomas Olk und H.-U. Otto (Hg.), Soziale Dienste im Wandel. 1. Helfen im Sozialstaat. Neuwied, Darmstadt: Luchterhand, 121-137.

Luhmann, Niklas, 1989: Wahrnehmung und Kommunikation sexueller Interessen. In: Rolf Gindorf/Erwin J. Haeberle (Hg.), Sexualitäten in unserer Gesellschaft. Beiträge zur Geschichte, Theorie und Empirie. Berlin, New York: de Gruyter, 127-138.

Luhmann, Niklas, 1992: Beobachtungen der Moderne. Opladen: Westdeutscher Verlag.

Luhmann, Niklas, 1995: Was ist Kommunikation? In: ders., Soziologische Aufklärung 6. Opladen: Westdeutscher Verlag, 113-124.

Luhmann, Niklas, 1996: Die Realität der Massenmedien. Opladen: Westdeutscher Verlag.

Luhmann, Niklas, 1997a: Die Gesellschaft der Gesellschaft, Bd. 1. Frankfurt/Main: Suhrkamp.

Luhmann, Niklas, 1997b: Die Gesellschaft der Gesellschaft, Bd. 2. Frankfurt/Main: Suhrkamp.

Luhmann, Niklas, 1997c: Erziehung als Formung des Lebenslaufs. In: Dieter Lenzen und Niklas Luhmann (Hg.), Bildung und Weiterbildung im Erziehungssystem. Lebenslauf und Humanontogenese als Medium und Form. Frankfurt/Main: Suhrkamp, 11-29.

Luhmann, Niklas, 2000: Organisation und Gesellschaft. In: ders., Organisation und Entscheidung. Opladen, Wiesbaden: Westdeutscher Verlag, 380-416.

Maase, Kaspar, 2001: Grenzenloses Vergnügen. Der Aufstieg der Massenkultur 1850-1970. Frankfurt/Main: Fischer Verlag, erstmals 1997.

Messner, Reinhold, 1995: Die Freiheit, aufzubrechen, wohin ich will. Ein Bergsteigerleben. München, Zürich: Piper, erstmals 1991.

Messner, Reinhold, 2002: Everest solo. Der gläserne Horizont. Frankfurt/Main: Fischer Verlag, erstmals 2001.

Neckel, Sighard, 2001: »Leistung« und »Erfolg«. Die symbolische Ordnung der Marktgesellschaft. In: Eva Barlösius/Hans-Peter Müller/Steffen Sigmund (Hg.), Gesellschaftsbilder im Umbruch. Soziologische Perspektiven in Deutschland. Opladen: Leske + Budrich, 245-265.

Nerlich, Michael, 1977a: Kritik der Abenteuer-Ideologie. Beitrag zur Erforschung der bürgerlichen Bewußtseinsbildung 1100-1750. Teil 1. Berlin: Akademie Verlag.

Nerlich, Michael, 1977b: Kritik der Abenteuer-Ideologie. Beitrag zur Erforschung der bürgerlichen Bewußtseinsbildung 1100-1750. Teil 2. Berlin: Akademie Verlag.

Nerlich, Michael, 1997: Abenteuer oder das verlorene Selbstverständnis der Moderne. München: Gerling Akademie Verlag.

Oettermann, Stephan, 1980: Das Panorama: die Geschichte eines Massenmediums. Frankfurt/Main: Syndikat.

Paris, Rainer, 1998: Stachel und Speer. Machtstudien. Frankfurt/Main: Suhrkamp.

Perrow, Charles, 1984: Normal Accidents. New York: Basic Books.

Peskoller, Helga, 2001: Extrem. Wien, Köln, Weimar: Böhlau Verlag.

Popitz, Heinrich, 1992: Phänomene der Macht. Tübingen: Mohr.

Popitz, Heinrich, 1995: Der Aufbruch zur Artifiziellen Gesellschaft. Tübingen: J.C.B. Mohr.

Ritzer, George, 1997: Die McDonaldisierung der Gesellschaft. Frankfurt/Main: Fischer Verlag, erstmals 1993.

Schimank, Uwe, 2000: Das »stahlharte Gehäuse der Hörigkeit«, revisited – James Colemans »asymmetrische Gesellschaft«. In: Uwe Schimank/Ute Volkmann (Hg.), Soziologische Gegenwartsdiagnosen I, Opladen: Leske + Budrich, 239-254.

Schimank, Uwe, 2001: Organisationsgesellschaft. In: Georg Kneer/Armin Nassehi/Markus Schroer (Hg.), Klassische Gesellschaftsbegriffe der Soziologie. Müchen: Wilhelm Fink Verlag, 278-307.

Schimank, Uwe, 2002: Das zwiespältige Individuum. Zum Person-Gesellschaft-Arrangement der Moderne. Opladen: Leske + Budrich.

Schleske, Wolfram, 1977: Abenteuer – Wagnis – Risiko im Sport. Schorndorf: Hofmann.

Schmid, Wilhelm, 1999: Philosophie der Lebenskunst. Eine Grundlegung. Frankfurt/Main: Suhrkamp.

Schultheis, Rob, 1996: Bone Games. Extreme Sports, Shamanism, Zen, and the Search for Transcendence. New York: Breakaway Books, erstmals 1984.

Schulze, Gerhard, 1992: Die Erlebnisgesellschaft. Kultursoziologie der Gegenwart. Frankfurt/Main, New York: Campus Verlag.

Schulze, Gerhard, 2002: Was bedeuten die Bretter, die die Welt bedeuten? In: Christopher Balme/Jürgen Schläder (Hg.), Inszenierungen: Theorie – Ästhetik – Medialität. Stuttgart, Weimar: Verlag J. B. Metzler, 1-14.

Serres, Michel, 1981: Der Parasit. Frankfurt/Main: Suhrkamp, erstmals 1980.

Simmel, Georg, 1911: Das Abenteuer. In: ders., Philosophische Kultur. Gesammelte Essays. Leipzig (zitiert nach der 1998 im Verlag Klaus Wagenbach, Berlin, publizierten Ausgabe, 25-38).

Simmel, Georg, 1957: Die Großstädte und das Geistesleben. In: ders., Brücke und Tür. Essays des Philosophen zur Geschichte, Religion und Gesellschaft. Im Verein mit Margarete Susmann, hg. von M. Landmann. Stuttgart: Koehler, 227-242.

Simmel, Georg, 1989: Philosophie des Geldes. Frankfurt/Main: Suhrkamp, erstmals 1900.

Simon, Fritz B., 1993: Meine Psychose, mein Fahrrad und ich. Zur Selbstorganisation von Verrücktheit. Heidelberg: Carl Auer Verlag, erstmals 1990.

Tenbruck, Friedrich, 1978: Anthropologie des Handelns. In: Hans Lenk (Hg.), Handlungstheorien – interdisziplinär, Bd. 2. München: Wilhelm Fink Verlag, 89-138.

Touraine, Alain, 1995: Critique of Modernity. Oxford: Blackwell.

Türcke, Christoph, 2000: Askese und Performance. Franziskus als Regisseur und Hauptdarsteller seiner selbst. In: Neue Rundschau, 111/4, 35-43.

Turner, Victor, 1995: Vom Ritual zum Theater. Der Ernst des menschlichen Spiels. Frankfurt/Main: Fischer, erstmals 1982.

Weyh, Florian Felix, 1999: Die ferne Haut. Wider die Berührungsangst. Berlin: Aufbau Verlag.

Willke, Helmut, 1998: Systemisches Wissensmanagement. Stuttgart: Lucius & Lucius.

Zijderveld, Anton C., 1970: The Abstract Society. A Cultural Analysis of our Time. Harmondsworth: Penguin.

## Die Titel dieser Reihe:

Gunter Gebauer, Thomas Alkemeyer, Bernhard Boschert, Uwe Flick, Robert Schmidt
**Treue zum Stil**
Die aufgeführte Gesellschaft
Mai 2004, ca. 200 Seiten,
kart., ca. 19,80 €,
ISBN: 3-89942-205-8

Klaus E. Müller
**Der sechste Sinn**
Ethnologische Studien zu Phänomenen der außersinnlichen Wahrnehmung
April 2004, ca. 200 Seiten,
kart., ca. 19,80 €,
ISBN: 3-89942-203-1

Thomas Lemke
**Veranlagung und Verantwortung**
Genetische Diagnostik zwischen Selbstbestimmung und Schicksal
Februar 2004, 144 Seiten,
kart., mit Glossar, ca. 14,80 €,
ISBN: 3-89942-202-3

Karl-Heinrich Bette
**X-treme**
Zur Soziologie des Abenteuer- und Risikosports
Februar 2004, 160 Seiten,
kart., ca. 14,80 €,
ISBN: 3-89942-204-X

Volkhard Krech
**Götterdämmerung**
Auf der Suche nach Religion
2003, 112 Seiten,
kart., 12,80 €,
ISBN: 3-89942-100-0

Volker Heins
**Das Andere der Zivilgesellschaft**
Zur Archäologie eines Begriffs
2002, 102 Seiten,
kart., 12,80 €,
ISBN: 3-933127-88-2

Stefan Weber
**Medien – Systeme – Netze**
Elemente einer Theorie der Cyber-Netzwerke
2001, 128 Seiten,
kart., 13,80 €,
ISBN: 3-933127-77-7

**Leseproben und weitere Informationen finden Sie unter:**
**www.transcript-verlag.de**